LARS MANDELKOW

Der Bullerbü KOMPLEX

UND DIE KUNST, ES GUT SEIN ZU LASSEN

SCM
Hänssler

INHALT

PROLOG

»PAPA, DU BIST DOCH TOTAL UNGLAUB-WÜRDIG«

Meine Tochter lacht immer noch über dieses Buch. Ein Buch für Familien, die sich anstrengen, es gut zu machen. Ein Buch mit der Botschaft »Es muss nicht immer Bullerbü sein«. Meine Tochter meint, ich solle mir mal überlegen, wie der kleinen Text »Über den Autor« wohl wirken mag: »Lars Mandelkow lebt mit seiner Frau und den vier blonden Kindern zurzeit in Norwegen. Sie wohnen dort in einem schönen Haus mit Blick über den Fjord. Lars fährt mit dem Fahrrad zur Arbeit, in der Freizeit tuckern sie gern mit ihrem alten Holzboot durch die Schärenküste ...« Meine Tochter meint, viel dicker kann man Bullerbü gar nicht auftragen und ich solle vielleicht lieber einen Ratgeber für Auswanderer schreiben.

Ich murmele Erklärungen: Das mit Norwegen war ja gar nicht zuallererst meine Idee, das hat sich mehr so ergeben. Und wir sind ja auch nicht endgültig ausgewandert. Nach einer langen Zeit als selbstständiger Psychologe bin ich sehr froh über meine Arbeit als Hochschuldozent. Und auch diese Arbeit hat sich eher zufällig gefunden, wenn man denn an Zufälle glauben will. Und das Haus am Fjord haben wir genommen, weil es kein anderes gab. Na ja, und das Boot ...

Aber eigentlich hat meine Tochter recht. Es sieht manchmal schon sehr nach Bullerbü aus. Auch vorher, als wir mit unseren Freunden in einem gemeinsamen Haus auf dem Land in Schleswig-Holstein gewohnt haben: Sieben Kinder liefen dort durch den Garten, wir kochten abwechselnd Mittagessen und teilten uns ein Auto. Es sah oft nach Bullerbü aus. Aber es fühlte sich nicht immer so an. Unsicherheiten, Erschöpfung, Halbfertiges waren von außen nicht so leicht erkennbar. Das Bullerbü-Bild überstrahlte schnell das andere, das wahre.

Ich schreibe dieses Buch mindestens zur Hälfte also auch für mich, so wie jede Therapiestunde, die ich gebe, auch immer eine Frage nach mir selbst ist, und jede Predigt, die ich halte, auch eine Botschaft an mich selbst enthält. Ich schreibe nicht als einer, der endgültig Bescheid weiß. Eher als einer, der den Erwartungsdruck und die Macht der inneren Bilder kennt. Der weiß, dass die eigenen Kräfte nicht so grenzenlos sind wie die eigenen Wünsche. Aber auch als einer, der glaubt, dass das Mögliche schöner ist als das Perfekte. Und dass man auch ruhig mal was versuchen darf. Zum Beispiel, ein Buch zu schreiben.[1]

EINLEITUNG

DIE BLICK-WINKEL DIESES BUCHES

Ein kleiner Rat vorweg

Glauben Sie nicht einfach, was Sie lesen. Alles ist nur unter bestimmten Voraussetzungen richtig und aus bestimmten Blickwinkeln. Dieser Autor, diese Zeit, diese Kultur – alles spielt eine Rolle. Machen Sie den Test: Schlagen Sie willkürlich eine Seite dieses Buches auf, lesen Sie ein paar Zeilen und stellen Sie sich vor, was eine junge Frau in den Slums von Rio de Janeiro darüber denken würde oder ein alter russischer Bauer. Oder Ihre Mutter. Ich mache Ihnen Mut, sich Ihre eigene Meinung zu bilden, Ihren eigenen Standpunkt zu finden. Insgesamt gilt beim Lesen des ganzen Buches die herzliche Einladung, nicht einverstanden zu sein!

»BULLERBÜ« ALS GLANZBILD MODERNER FAMILIEN

Ich habe »Bullerbü« als Hauptbild dieses Buches gewählt, weil dieser Ort wie kaum ein anderer die Sehnsüchte einer Familiengeneration in sich vereint. »Bullerbü« ist so etwas wie das Poesiealbum heutiger Eltern, angefüllt mit schönen Bildern von glücklichen Kindern und einem einfachen, sinnvollen Leben.[2] Überhaupt scheinen wir Deutschen dazu zu neigen, uns das ganze Land Schweden wie ein einziges »Groß-Bullerbü« vorzustellen, in dem das Leben leicht, die Natur heil und die Menschen frei sind – so jedenfalls beschrieb es 2007 der Leiter des Stockholmer Goethe-Institutes. Sein Artikel darüber im Svenska Dagbladet führte sogar dazu, dass der Begriff »bullerbysyndromet« vom schwedischen Sprachrat in den schwedischen Wortschatz aufgenommen wurde.[3] Bullerbü war und ist also ein deutscher Sehnsuchtsort und eignet sich hervorragend als Bezugspunkt für viele Fragen, die Familien heute beantworten müssen:

- Wie sollen wir unsere Kinder erziehen?
- Wie wollen wir als Familie gemeinsam unseren Alltag gestalten?
- Welchen Platz soll die Arbeit im Familienleben haben?
- Wie können Ehe und Partnerschaft unter den heutigen Umständen gelingen?

Dieses Buch will dabei helfen, Antworten auf diese Fragen zu finden. Und zwar solche, die auch noch tragen, wenn das Leben mal komplizierter ist als in Bullerbü.

Die erste Frage sollte allerdings lauten: Was ist das für eine Welt, in der wir unsere Familien gründen und durch die wir unsere Leben steuern. Hier gibt es einige Glanzbilder zu entlarven und kritische Anmerkungen zu machen, denn nicht alle Kräfte, von denen unser Leben geprägt wird, sind hilfreich.

Ich habe den Hauptteil dieses Buch in drei Teile gegliedert. Der erste Teil endet mit einer Art Diagnose, der Beschreibung einer Störung: dem »Bullerbü-Komplex«. Dieser Komplex ist eine typische Reaktion vieler Eltern auf die

Anforderungen und Wünsche unserer Zeit. Er entsteht bei dem Versuch, in dem oft heil-losen Durcheinander unserer Gesellschaft eine heile Welt herzustellen.

Im zweiten Teil möchte ich nach Möglichkeiten suchen und einen Vorschlag machen, wie Familienleben gesünder sein kann: »Lass es gut sein!« – Wie kann uns dies in den vier großen und zentralen Bereichen des Familienlebens gelingen? Wie können wir es gut sein lassen, in der Erziehung unserer Kinder, in Partnerschaft und Familie, mit der Arbeit? Und ist diese Art, als Familie zu leben, wirklich besser, als ehrgeizige Ziele zu verfolgen?

Im dritten Teil wird es um das Weltbild gehen, das hinter diesem Lösungsvorschlag steht. Wie können Menschenbild und Gottesbild uns dabei helfen, all diese »Lass es gut sein«-Fragen zu beantworten?

Ein entlastendes Wort gleich zu Beginn: Wenn es Ihnen mit Ihren Kindern, in Ihrer Partnerschaft und mit Ihrer Arbeit einigermaßen gut geht, dann machen Sie ganz gewiss schon sehr viel richtig, bewusst oder unbewusst. Viele tun das. Ich schreibe dieses Buch, um Menschen zu entlasten, die sich im Familienalltag unserer Gesellschaft unter Druck gesetzt fühlen. Es geht mir darum, diejenigen zu bestätigen, die sich bereits jetzt schon dafür stark machen, dass es in den meisten Bereichen des Lebens angemessener ist, gut genug zu sein, anstatt immer besser werden zu wollen. Es gibt zum Glück immer mehr von solchen Menschen. Immer mehr, die sich dem Sog der Photoshop-Wirklichkeiten entziehen und die dem Druck der Selbstoptimierungsindustrie ausweichen.

Aber seien wir ehrlich mit uns selbst: Begriffe wie »sich entziehen« und »ausweichen« klingen nicht sehr selbstsicher. Ist es nicht eher an der Zeit, dass wir selbstbewusster auftreten und lauter werden, indem wir klar und deutlich sagen: »›Weniger ist mehr!‹ und ›Gut genug ist völlig ausreichend!‹ Der Slogan ›Immer besser!‹ tut uns allen nicht gut«?!

Vielleicht stimmen Sie mir zu. Vielleicht sind Sie auch kritisch und denken: Ja, der hat gut schreiben. Aber ich möchte Sie herausfordern: Begeben Sie sich mit mir auf eine Entdeckungsreise – hinein in all diese Fragen, Gedanken und Ansätze. Seien Sie neugierig, hinterfragen Sie, seien Sie kritisch. Bilden Sie sich Ihre eigene Meinung.

MEIN PERSÖNLICHER BLICKWINKEL: *THEOLOGIE UND PSYCHOLOGIE*

Vielleicht haben Sie sich schon gefragt, wer sich hinter diesem Buch verbirgt. Denn schließlich macht es einen Unterschied, ob ein Autor Atheist, Tierrechtler, Nationalsozialist oder Demokrat ist. Aus welcher Ecke also kommt dieses Buch, welche Gedanken liegen ihm zugrunde?[4]

Ich habe evangelische Theologie studiert, weil ich Pastor werden wollte, habe Psychologie studiert, weil ich mich für Seelsorge interessiert habe, und war letztendlich froh über dieses zweite Studium, als ich mich aus einem gut gegarten Eintopf von Gründen dazu entschieden habe, doch nicht Pastor zu werden. Gelandet bin ich als Psychologe dennoch oft in der Nähe von Kirche und Diakonie, wo Sinn- und Glaubensfragen in Therapie und Supervision noch offensichtlicher eine Rolle spielen, als sie es überall sonst auch tun: Ich habe einen ambulanten Hospizdienst organisiert, eine christliche Beratungsstelle für Ehe-, Lebens- und Familienfragen mitbegründet, habe viele Einzelne und Paare beraten und begleitet, Kommunikationskurse für Paare geleitet, war Supervisor in diakonischen Einrichtungen und habe Ärztinnen und Ärzte in Palliative Care ausgebildet. Bei allem ging es immer wieder um existenzielle Fragen, um lebensbedrohliche Erkrankungen und Sinnkrisen, aber auch um den ganz normalen Wahnsinn des Familien- und Berufslebens.

Ich glaube, dass beides zusammenhängt: Die Art und Weise, wie wir den ganz normalen Wahnsinn bewältigen oder auch herstellen, und diese tiefer liegenden Fragen nach dem Sinn des Lebens, über die wir oft gar nicht so bewusst nachdenken. Insofern ist dieses Buch auch eine Art Zwischenergebnis, eine Sammlung von (vorläufigen) Erkenntnisse, die aus der Begegnung mit vielen unterschiedlichen Menschen stammen.[5] Nicht zuletzt stammen die Gedanken auch aus meinem eigenen bewegten Berufsleben und dem anhaltenden Versuch, ein guter Ehepartner und Vater von vier Kindern zu sein – mit wechselndem Erfolg. Vielleicht stellen Sie sich genau wie ich Fragen wie: Was ist eigentlich meine Verantwortung als Vater (oder Mutter)? Wie geht überhaupt Ehe? Wie sieht eine gute Balance zwischen Familie und Arbeit aus – oder gibt es daneben gar noch etwas anderes? Ist das gut genug, was ich hier versuche?

Viele Situationen spreche ich in dem Buch auch nicht an, entweder weil ich weder Wissen noch Erfahrung in diesen Bereichen habe oder weil sie alles viel komplizierter machen würden: Ich spreche nicht von der Situation von Familien, die mit Armut oder gesellschaftlicher Ausgrenzung zu kämpfen haben, ich spreche nicht von gleichgeschlechtlichen Partnerschaften (obwohl vieles, was mit Liebe, Partnerschaft und Familie zu tun hat, hier genauso gilt) und auch extreme Belastungen wie Gewalt oder Sucht kommen nicht zur Sprache. Der Fokus des Buches liegt auf dem, was ich als Familienvater und Therapeut als normal erlebe – und das mag für manche natürlich auch deutlich von der eigenen, ganz persönlichen Normalität abweichen.

Wenn man nun wie ich Psychologie und Theologie studiert hat, kommt es zu einer hochinteressanten Spannung: Die Theologie kreist als Wissenschaft um den christlichen Glauben. Seine Geschichte, seine schriftlichen und philosophischen Grundlagen, seine praktische Umsetzung und Bedeutung werden von allen Seiten beleuchtet. Die Scheinwerfer der Theologie leuchten auf eine unsichtbare Wahrheit. Aber wenn das gut geht, entsteht durch dieses viele Leuchten wie auf der Leinwand in einem Schattentheater die Botschaft von einer Hoffnung, die unser Leben bis über den Tod hinaustragen kann. Diese Geschichte hat einen tiefen Wahrheitsanspruch.

Die Psychologie, die Wissenschaft vom Verhalten und Erleben, kümmert sich dagegen um viel irdischere Wahrheiten: um Gefühle und Beziehungen, um Gedanken und Verhaltensreaktionen der Menschen in ihren Lebenswelten. Die biologischen Grundlagen von Erleben und Verhalten, und hier vor allem das Gehirn, spielen dabei eine entscheidende Rolle. Auch die Psychologie hat Hoffnung im Angebot, allerdings in viel begrenzterer Form: Hoffnung auf ein leichter gelingendes Leben im Hier und Jetzt.

Es geht nicht um große Wahrheiten und eigentlich auch nicht um die Seele, obwohl »Psychologie« wörtlich übersetzt »Seelenlehre« bedeutet. Aber nach gut 150 Jahren psychologischer Forschung sind sich eigentlich alle einig: Die eine Wahrheit gibt es nicht. Und zur Existenz einer Seele schweigt die Psychologie. Sie konzentriert sich auf unsere ganz persönlichen Wahrheiten: In einem fantastisch bunten Prozess von Erwartungen, Bedürfnissen und gerichteter Aufmerksamkeit, geprägt von unserer Kultur und unseren ganz persönlichen Erfahrungen nehmen wir den beständigen Strom der Sinneseindrücke auf und bauen daraus diejenige Wahrheit, die gerade am meisten Sinn ergibt.

Wie lässt sich aber auf dieser Grundlage über den christlichen Glauben und seinen Wahrheitsgehalt und -anspruch nachdenken? Was wird aus der tiefen Glaubenshoffnung, was bleibt von Glaube, Hoffnung und Liebe (1. Korinther 13,13) in der Sprache der Psychologie? Psychologie und Theologie stehen in einer Spannung, aus der sich Energie gewinnen lässt. Hier lohnt es sich, aus beiden Richtungen, der theologischen und der psychologischen, einen Blick auf die Hoffnung und die daraus entstehenden Hoffnungsbilder zu werfen – denn auch bei der Sehnsucht nach Bullerbü geht es letztlich genau darum: Bullerbü – das ist das Konzentrat einer Hoffnung, ein Ideal- und Hoffnungsbild für das Familienleben. Wir werden jedoch schnell merken: Auch wenn wir Hoffnung brauchen, sie für uns lebensnotwendig ist, so ist doch nicht jedes Hoffnungsbild gleich gut für uns.

Hoffnung ist lebensnotwendig

Das Schöne mit uns Menschen ist, dass wir mit mehr als nur einer Wirklichkeit herumlaufen. Wir leben nicht nur hier und jetzt. Wir leben auch in einer Zukunft, die es noch nicht gibt. Und die oft besser ist als das, was gerade passiert. Eine positive Zukunft für möglich zu halten ist das, was sich »Hoffnung« nennt. Und es ist eine der größten Kräfte, die die Welt kennt. Nomaden sind zu Siedlern geworden in der Hoffnung auf ein sichereres Leben ohne Hunger. Menschen haben Kontinente entdeckt in der Hoffnung auf Freiheit. Ausbildungen werden begonnen, Ehen geschlossen, Hilfsorganisationen gegründet, Gemüse gepflanzt, Parteien gewählt, Kinder erzogen – alles mit Hoffnung. Die Vorstellung, dass morgen etwas Gutes kommt, gibt uns Kraft für heute. Auch wenn es heute nicht ganz so gut läuft mit dem Weltfrieden, dem Gemüse, den Parteien oder den Kindern. Ohne ein gutes Bild für morgen würden wir wahrscheinlich einfach aufhören, überhaupt irgendetwas zu tun.

Und wie schön ist es, zu erleben, wenn eine Hoffnung von gestern eine Wirklichkeit von heute wird – wenn die Zahl der Drogentoten sinkt, wenn eine Ausbildung abgeschlossen ist, wenn Plastikbesteck verboten wird, wenn ich es wirklich geschafft habe, mit dem Rauchen aufzuhören. Jedes Mal ist das die Bestätigung einer Hoffnung von gestern. Und Grund genug für mindestens eine neue Hoffnung für morgen. Und wenn man sich die Welt so ansieht, brauchen wir noch jede Menge davon. Natürlich ist nicht jede Hoffnung gleich wichtig und nicht jedes Hoffnungsbild ist gleich gut. Manche haben sich als schädlich erwiesen, zum Beispiel die Hoffnung auf Glück durch Besitz. Manche als Lügen, zum Beispiel die Hoffnung auf die Überwindung einer tödlichen Krankheit durch teure Therapien in Spezialkliniken – Lebenslotterie. Und manche sind auch einfach belanglos. Es lohnt sich, die eigenen Hoffnungen einmal auf ihre Güte abzuklopfen.

Kurztherapie

Zeichnen Sie eine Waage. Auf die eine Seite kommen ihre Befürchtungen, auf die andere ihre Hoffnungen. Wie sieht das Bild aus?

Wenn Ihnen zu viele Befürchtungen einfallen, konzentrieren Sie sich am besten auf diejenigen, die hier und jetzt von Bedeutung sind - wie viele bleiben übrig? Und falls Sie gedacht haben, dass Sie schon genug Hoffnungen haben, wenn die Waage im Gleichgewicht ist, haben sie falsch gedacht. Diese Waage darf gern schief sein. Hoffnungen kann man gar nicht genug haben. Besonders wenn sie von hoher Güte sind.

Manche meinen, mit Hoffnungen sollten wir grundsätzlich kritisch umgehen. Sie meinen, Hoffnungen bergen die Gefahr, dass sie von der Gegenwart ablenken, ja sogar das Gute verhindern können – sie verweisen zum Beispiel auf die jahrhundertelange kirchliche Tradition des Vertröstens: »Hier auf Erden geht es euch schlecht, ein Jammertal der Schmerzen. Doch irgendwann im Himmel werdet ihr es gut haben. Hoffet und haltet aus!« Über ganze Zeitalter hinweg hat die Kirche in Europa diese Art von Hoffnung eingesetzt, um die Gesellschaft ruhig zu halten. Um Heere von Leibeigenen, von unterdrückten Männern und Frauen daran zu hindern, für Veränderungen in ihrem Alltag zu kämpfen. Das kommunistische Hoffnungsbild des Aufstiegs der Arbeiterklasse ist ein anderes Beispiel aus der Geschichte. In der Gegenwart ist es vielleicht unsere Hoffnung auf unendlichen technischen Fortschritt, mit dem wir eines Tages auch Klimawandel und Hunger stoppen können, ohne verzichten zu müssen. Deshalb lautet die Devise oft: Lieber zu kritisch als zu hoffnungsvoll. Vielversprechender sei da, sagen Hoffnungskritiker, sich auf das Hier und Jetzt zu konzentrieren. Das ist zwar zumindest ein guter Anfang. Auf Dauer kommen wir aber ganz ohne Hoffnung nicht aus. Wir Menschen brauchen Hoffnungsbilder. Anders lässt es sich nicht erklären, dass Menschen »der Gerechtigkeit des Kommunismus« oder auch der »Bullerbü-Familie« so hinterherträumen. Hoffnung ist eine Kraft. Der Blick in eine bessere Zukunft kann die Gegenwart verändern. Hoffnungsbilder leiten uns. Aber sie sind nicht alle gleich gut.

Hoffnungsbilder auf ihre Qualität hin zu überprüfen, damit wir nicht den falschen Bildern hinterherlaufen – darum geht es beim Bullerbü-Komplex.

Wenn man sich bei modernen Familien umhört, ist viel von Druck die Rede. Von Leistungsdruck in der Schule (manchmal sogar schon im Kindergarten), von Überstunden, von dem ständigen Konflikt zwischen Arbeit und Familie. Und alles für einen guten Zweck: »Damit du später mal einen guten Beruf hast« – »Damit wir deine Ausbildung bezahlen können« – »Damit wir später auch noch ein gutes Leben haben« oder einfach »Damit wir uns den nächsten Urlaub leisten können«. Das gegenwärtige Leben scheint im Dienst des zukünftigen zu stehen. Das Dumme ist nur, dass diese Zukunft nie erreicht wird. Wenn sie einmal da ist, ist sie auch wieder nur eine Gegenwart, die dann der nächsten Zukunft zu dienen hat. Es muss nur noch dieses Projekt abgeschlossen, dieses Schuljahr geschafft werden. Dann wird es bestimmt entspannter. Das Leben verkommt in vielen Familien zu einem Slalomlauf, bei dem immer hinter der nächsten Kurve alles gut wird. Heute beherrschen Geld und Leistung das Leben, damit es morgen Ruhe und Frieden gibt.

Denn von einem »guten Leben« haben die meisten Menschen eigentlich ein klares Bild: Es ist einfach und sicher, alles ist im Gleichgewicht. Spiel, Arbeit und Ruhe wechseln einander ab, es gibt genug Kraft für alles. Alle haben ihren Platz, das Essen ist lecker und gesund. Wenn man die Augen schließt und sich dieses Leben vorstellt, erscheinen in vielen Köpfen helle Räume mit klaren Linien und skandinavischem Design. Lachende Kinder in selbst genähten Kleidern bauen sich Bretterbuden im Garten und zum Abendessen gibt es Gemüseauflauf mit Karotten und Zucchini vom eigenen Hochbeet. Wahlweise gehen auch bollerndes Kaminfeuer, Handarbeit und der Duft von Omas Plätzchen aus dem Ofen. Diese Bullerbü-Paradies-bilder würden viele moderne Mütter und Väter der Pauschalflucht in den All-Inclusive-Club am Mittelmeer vorziehen. Denn wenn es von da aus nach Hause geht, wartet ja doch wieder das Hamsterrad.

Wir haben es also mit einem Paradox zu tun: Alle wollen es einfach und schön haben, und dafür nehmen sie einen komplizierten und kräftezehrenden Alltag in Kauf. Denn »einfach und schön«, das gibt es nicht umsonst. Es gibt eine anspruchsvolle, edle Schablone dafür. Erst wenn wir die ausfüllen, wird es »immer lustig in Bullerbü«[6]. Ein trügerisches Hoffnungsbild. Die Hoffnung trügt, weil sie sich nicht erfüllt. Sie verschiebt sich immer genau so weit in die Zukunft, dass sie fast, aber eben doch nicht ganz erreicht werden kann und wir uns weiter ausstrecken. Wer hier an das Bild vom Esel denkt, dessen Reiter ihm eine Mohrrübe am Band vor dem Maul baumeln lässt, um ihn zum Weitergehen zu bewegen, der liegt nicht ganz falsch.

Damit ist aber noch lange nicht gesagt, dass andere Hoffnungsbilder besser sind. Zum Beispiel solche, wo »Gott« draufsteht. Im Laufe der Geschichte hat es jede Menge Versuche gegeben, Bilder vom »Reich Gottes« zu entwerfen, die dem Leben eine Richtung geben. Nicht immer mit gleichem Erfolg. Das mittelalterliche Vertrösten auf ein Leben nach dem Tod wird heute viel kritisiert – die meisten wollen zumindest zusätzlich an ein Leben vor dem Tod glauben. Auch solche Bilder-Versionen gibt es viele. Schreckliche, wie das brutale Täuferreich zu Münster in den 1530er-Jahren, wo die Idee der Gleichheit vor Gott in einem Albtraum endete. Bewundernswerte, wie die lateinamerikanische Befreiungsbewegung seit 1968, wo gepredigt wird, dass Gott sich den Armen zuwendet, um sie aus der Unterdrückung zu befreien.

Das Täuferreich zu Münster

In den wilden Jahren nach der Reformation war im ursprünglich katholischen Münster (Westfalen) eine radikale evangelische Gruppe an die Macht gekommen, die in der Erwartung der baldigen Wiederkunft Christi eine Gemeinschaft der Heiligen errichten und durchsetzen wollte. Das war ein starkes Hoffnungsbild und anfangs sicher gut gemeint, endete aber in Machtmissbrauch, Unterdrückung und schließlich offener Gewalt. Die Gruppe verschanzte sich. Die Stadt wurde belagert und militärisch zurückerobert. Noch heute hängen die Käfige am Turm der Lambertikirche, in denen die Leichen der hingerichteten Anführer zur Schau gestellt wurden.

Tausende Kirchen und Gemeinden von heute haben Ideen, Visionen und Pläne. Ob diese Hoffnungsbilder im Sinne Gottes sind, lässt sich theologisch vortrefflich diskutieren – letztlich müssen wir ein Urteil darüber wohl Gott selbst überlassen. Was wir aber tun können, ist zu prüfen, ob sie der Gesundheit der Menschen dienen, die ihnen folgen. Und damit ist sowohl die körperliche als auch die seelische Gesundheit gemeint.

Hier bietet die Psychologie gute Möglichkeiten, um die Qualität von Hoffnungsbildern zu untersuchen. Die Psychologie fragt nach dem Verhalten, Erleben und Empfinden von Menschen. Wir können also fragen, wie sich bestimmte Hoffnungsbilder auf den einzelnen Menschen auswirken.

- Wie denkt eine Person, die diesen Bildern folgt, über sich selbst und andere?
- Wie denkt sie über die Welt?
- Welche Gefühle lösen diese Bilder aus?
- Was ist die Grundstimmung?
- Wie sieht die Motivation aus?

Und dann können wir vor allem fragen, was diese Bilder für soziale Effekte haben, was sie zwischen Menschen auslösen:

- Wie beeinflussen sie die Art, miteinander zu reden?
- Worüber wird gesprochen?
- Was tun Menschen gemeinsam, und was vermeiden sie?

Das sind die Fragen, die dieses Buch stellt. Psychologische Fragen an eine geistliche Haltung. Psychologische Fragen an die Hoffnung, der wir folgen. Das Bullerbü-Familienbild ist in vielen Köpfen so etwas wie ein heiliges Bild geworden, fast so als hätte Gott sich diese Familien als Vorbilder ausgedacht und nicht Astrid Lindgren. Dieses Bild ist ein Hoffnungsbild, das es zu prüfen gilt.

Ein christlicher Blick auf die Dinge: Gnade

Es gibt, wie gesagt, jede Menge Blickwinkel auf Gott und die Welt. Und wir können uns kaum vorstellen, wie die Welt aus einem komplett anderen Blickwinkel aussieht. Allein die Unterschiedlichkeiten zu akzeptieren, ist ein wichtiger Schritt.

Dabei ist es eigentlich einleuchtend: Stellen wir uns eine Näherin aus Bangladesch vor. Sie ist vielleicht Teil der buddhistischen Minderheit in dem größtenteils islamischen Land. Arbeitet täglich 10 Stunden für weniger als 100 Euro im Monat. Sie muss die Strafen des Fabrikbesitzers fürchten, weiß, dass die Arbeit ihrer Gesundheit schaden kann. Und trotzdem ist sie froh, Arbeit zu haben. Sie liebt ihre Familie.

Stellen wir uns nun einen weißen Mann im Süden der Vereinigten Staaten vor. Er ist vielleicht Vorstandsmitglied in einer Baptistengemeinde. Er besitzt ein Haus mit Pool und ein großes Auto. Er spendet für eine Hilfsorganisation, die den Obdachlosen in der Stadt hilft. Mit seiner Frau und den beiden Kindern fährt er regelmäßig in den Urlaub. Er liebt seine Familie.

Eine arme Frau aus Bangladesch, ein reicher Amerikaner. Was denken diese beiden über die Rolle von Mann und Frau in der Familie? Was fühlen sie, wenn sie das Wort »Erfolg« hören? Oder »Gerechtigkeit«? In welchem Glauben sind sie erzogen worden? Welche Rituale berühren sie? Wer ist Gott für sie? Es ist vorstellbar, dass die Liebe zu ihren Kindern etwas ist, was sie gemeinsam haben. Aber auch die werden sie auf verschiedene Weise zum Ausdruck bringen. Schon aufgrund dieses kleinen Beispiels verbietet es sich, die eigene Wahrheit als die einzig wahre anzusehen. Auch nicht das eigene Bild von Familie. Und schon gar nicht das eigene Gottesbild.

Und doch geht es nicht ohne. Niemand kann ohne Blickwinkel sehen. Sich eine Meinung bilden. Entscheidungen treffen. Ein Buch lesen oder schreiben. Deshalb ist es gut, auch den religiös-kulturellen Blickwinkel dieses Buches zu kennen. Er ist – kurz gesagt: christlich, psychologisch, evangelisch, männlich, (west)deutsch, mittelalt und mittelreich.

Damit ist erst einmal viel über die unvermeidliche Inkompetenz des Autors gesagt. Ich habe keine Ahnung, wie es ist, eine Frau zu sein, nur vage Ideen von anderen Kulturen und Religionen. Manche würden sogar sagen: Das ist eine Herrschaftsposition. Jemand, der weiß, westlich und männlich ist, ist von vornherein verdächtig. Nicht zu Unrecht. Und wenn es dann noch in einer christlichen Tradition steht, bekommt es noch dazu einen fast mittelalterlichen Grusel-Charme.

Wenn man all diese möglichen blinden Flecken in Betracht zieht, bleibt aber immerhin ein Blickwinkel übrig, mit dem Sie sich gern auseinandersetzen können, ob Sie sich nun christlich nennen oder nicht oder nur ein bisschen. Im dritten Teil des Buches (»Von Menschenbildern und Gottesbildern«) wird es noch mal stärker um die grundlegenden Gedanken gehen, aber eine Andeutung möchte ich hier schon vorwegnehmen: Es geht um Gnade. Die Themen dieses Buches werden von der Idee der Gnade getragen wie Blätter, die auf einem Fluss treiben. Alle, die christliche Wurzeln haben, lesen an dieser Stelle vielleicht sehr entspannt weiter, während andere, die mit der Kirche als Institution oder mit manchen (scheinheiligen) Christenmenschen schlechte Erfahrungen gemacht haben, vielleicht misstrauisch werden und Missionseifer oder kleinkarierte Moral wittern. Was soll also »Gnade« in diesem Buch? Geht es nicht eigentlich um Familien?

Gnade ist, in klassischen kirchlichen Worten, die Idee, dass es einen Gott gibt, dessen Wesen die Liebe ist, der das Kleine, das Unvollkommene, das Werdende in sein Herz schließt. Jesus Christus ist das Bild dieser Gnade, das uns leiten kann: in Armut geboren, mit Freunden auf dem Weg, mit Leiden und Sterben vertraut, zur Hoffnung für alle auferstanden.

Das klingt in manchen Ohren gewiss nach leeren kirchlichen Formeln, in anderen wiederum nach Seelenschätzen. Es bleiben leere Formeln, wenn wir sie nicht so mit unserem Leben verbinden können, dass sie einen Unterschied machen. Hier geht es um den Versuch, den lebendigen Kern in diesen Worten zu finden, wenn es um das Leben als Familie geht. Es sollen Fragen aus dem Alltag beantwortet werden – von diesem christlichen Blickwinkel aus, der gar nicht alltäglich ist und hoffentlich nicht nur für christliche Ohren Sinn ergibt.

Etwa so: Wenn das Konzept »Gnade« in einer Familie gelten soll, geht es um bedingungslose Liebe als Ideal. »Ich liebe dich nicht erst, wenn du dieses mehr und jenes weniger tust.« Es geht dann nicht darum, vollkommene Kinder und den perfekten Partner zu haben. Es geht nicht darum, alle Energie in die Optimierung zu stecken – die eigene und die der anderen. Vielmehr ist dann die

Liebe die Grundlage, auf der alles andere geschieht. Reden über Bedürfnisse und Wünsche, verhandeln um ein gutes Gleichgewicht, gute Wege suchen für die Kinder. All das, nicht damit die Liebe endlich Einzug hält, sondern weil sie schon längst da ist. Als Grundlage für alles Weitere. Das klingt leichter, als es ist. Gnädig zu sein mit sich selbst und mit anderen ist (immer wieder!) eine Kunst. Es geht in diesem Buch um die Kunst, es gut sein zu lassen.

Was auf Sie zukommt, wenn Sie weiterlesen

Erst mal wird es unangenehm. Ich beschreibe die Wirklichkeit heutiger Familien als Kontrast zu unseren Wunschbildern. Die Übertreibung dient dabei der Verdeutlichung. Vielleicht fühlt es sich manchmal so an, als wollte ich die Welt und unsere Hoffnungen schlechtreden. Doch lassen Sie sich nicht entmutigen: Im mittleren Teil des Buches wird es um realistische Ziele gehen, um Hoffnungen, die auf den christlichen Werten Gnade und Liebe gründen, um Bilder, mit denen wir wirklich leben können. Um jedoch Platz zu schaffen für diese Bilder, müssen wir erst einmal die alten genauer anschauen. Das ist vielleicht unangenehm, aber es lohnt sich.

DIE BRIEFE IN DIESEM BUCH

Zwischendurch werden Sie in diesem Buch immer wieder Briefe finden. Zum Beispiel einen an Astrid Lindgren – wenn ich mir schon ihr geliebtes Bullerbü vornehme, wollte ich zumindest versuchen, etwas über meine Bewunderung für ihr Werk zum Ausdruck zu bringen.

Mehr über Astrid Lindgren

Wer mehr über Astrid Lindgrens Leben erfahren möchte, dem sei der Film »Astrid« (2018) empfohlen, der ein wunderbares Porträt zeigt. Im Internet finden sich außerdem viele Interviews und Dokumentationen.

Die restlichen Briefe richten sich an biblische Personen. An Maria und Josef, Jona (den Vater von Petrus), Ismael und Isaak, Elia und andere. Der Bezug zwischen den Themen des Buches und den so weit in der Vergangenheit zurückliegenden biblischen Geschichten wird schnell deutlich werden, denn auch hier haben Menschen gute Orientierung für ihr Leben gesucht und gefunden. Mir ist es wichtig zu zeigen, dass diese Geschichten nicht voll von unerreichbaren Heiligen sind, sondern im Gegenteil voller Alltag und menschlicher Zerbrechlichkeit und Lebendigkeit. Dort nämlich, im zerbrechlichen, lebendigen Alltag, wächst die Gnade.

TEIL 1

UN-HEIL

Kurztest

Nehmen Sie sich ein Blatt Papier und einen Stift und zeichnen Sie in 10 Sekunden eine Familie und ihr Zuhause. Denken Sie dabei möglichst nicht nach! Nehmen Sie es, bevor Sie mit dem Abschnitt »Die heile Familie« starten, wieder hervor – was sehen Sie?

Bullerbü ist eine heile Welt für Kinder. Drei Höfe mitten in der Natur, gesunde und fröhliche Menschen, Arbeit und Freizeit fließen friedlich ineinander. Die Mütter versorgen lächelnd die Familien, die Männer kümmern sich kraftvoll und klar um Land und Tiere. Und für die Kinder: viel, viel Raum zum Spielen und Entdecken.

Für all diejenigen, die die Bücher schon lange nicht mehr in der Hand hatten: In dem schwedischen Örtchen Bullerbü gibt es drei Höfe, die nebeneinander an einem Weg liegen – den Nordhof, den Mittelhof und den Südhof. Im Nordhof wohnen Britta und Inga, im ersten Bullerbü-Buch 9 und 7 Jahre alt, zusammen mit ihren Eltern Erik und Greta und dem Knecht Kalle. Außerdem noch der blinde Großvater. Im Mittelhof wohnt Lisa, 7 Jahre, die die Erzählerin der Bullerbü-Geschichten ist. Ihre Brüder sind Lasse (9 Jahre) und Bosse (8 Jahre). Dann gibt es noch Vater und Mutter sowie die Magd Agda. Auf dem Südhof schließlich lebt Ole (8 Jahre) mit seinen Eltern Nils und Lisa, seiner kleinen Schwester Kerstin, die noch nicht sprechen kann, und dem Knecht Oskar. Weitere Figuren in der kleinen Welt von Bullerbü sind die Lehrerin, die im Schulgebäude wohnt, der garstige Schuster Nett, die alte, freundliche Kristin in ihrem Waldhaus, andere Kinder in der Schule und ein Lumpensammler. Lisa schildert aus unschuldiger, heiterer Kinderperspektive ein Leben auf dem Land am Anfang des 20. Jahrhunderts. Es gibt keine Autos, die Väter fahren mit Pferd und Wagen und betreiben Landwirtschaft, zusammen mit den Knechten wird gesät, geerntet und das Vieh versorgt. Die Mütter und Mägde kümmern sich um das Haus, um Wäsche, Essen und Feste, es wird genäht, gebacken und Marmelade eingekocht. Die Kinder sind mittendrin und genießen das friedliche, vielfältige Leben. Die Schilderungen passen gut in die Kindheitstage von Astrid Lindgren, die 1907 geboren wurde. Die Geschichten aus Bullerbü sind märchenhaft schön, es geht um Kinderthemen wie Geheimverstecke, das Versorgen kleiner Tiere, Streiche und schöne Feste. *»Mir tun alle Menschen leid, die nicht in Bullerbü wohnen«*, sagt Inga zu Lisa.[7]

Das ist natürlich ausgedacht, ein Kinderbuch. Keine dieser Familien gab es wirklich. Aber nicht nur das: Es ist auch völlig von gestern, ein romantisches, altes Bild. Es ist ein Teil des »Bullerbü-Syndroms«, das Berthold Franke 2007 als *»den sehr speziellen deutschen Traum von Schweden«* beschrieben hat, den *»Traum einer verlorenen, dafür umso intensiver ausgemalten Kindheit«*.[8] Die deutschen Schweden-Bilder sind eng verwoben mit der unheilvollen deutschen Geschichte. Das Bild von Bullerbü ist schön, aber auch gefährlich.

BULLERBÜ HEUTE

Bullerbü heute, das könnte sehr anders aussehen. Zum Beispiel so: Der Vater von Lasse, Bosse und Lisa hält sich mit Kurzzeitverträgen in der nächsten Großstadt über Wasser und ist tageweise nicht zu Hause. Ihre Mutter ist damit sehr unzufrieden. Sie versucht, von zu Hause aus Aufträge als freiberufliche Architektin zu übernehmen. Das ist aber schwer vereinbar mit den Aufgaben, die Haus und Kinder mit sich bringen. Selbst gekocht wird nur zweimal in der Woche. Eigentlich hatten sich die Eltern vorgenommen, sich Arbeit und Familie zu teilen, fünfzig-fünfzig. Es gibt oft Streit: um die Arbeit, um die Verantwortung zu Hause, darum, wer es am schwersten hat und mehr Zeit für sich braucht. Und weil die Stimmung vom Streiten nicht besser wird, gibt es mehr und mehr Streit um alles Mögliche.

Oder so: Britta und Inga haben es im schwedischen Jugendreitsport weit gebracht. Sie sind viel unterwegs zum Training und auf Turnieren und Messen. Ihre Mutter fördert das sehr und nimmt die langen Fahrten auf sich. Der Vater hat auf dem Hof jede Menge zu tun, probiert ökologische Futtermittel aus und engagiert sich in der lokalen Politik. Gemeinsame Familienzeit gibt es dadurch immer seltener. Die Eltern reden nur noch wenig miteinander. Irgendwie fehlt dafür die Kraft, vielleicht auch die Lust. Alles läuft – nebeneinander her. Das Leben ist voll und leer zugleich.

Oder noch einmal ganz anders: Oles Mutter (zusammen mit der kleinen Kerstin) ist mit dem Vater von Britta und Inga in den Südhof gezogen. Nach einer heftigen Krisenzeit und vielen, vielen Gesprächen haben die Eltern sich auf ein Modell geeinigt, mit dem sie es erst einmal versuchen wollen: Oles Vater lebt weiterhin im Nordhof, seine neue Partnerin und ihre zwei Kinder aus erster Ehe (Sinan und Laila) sind oft da. Ole und Kerstin haben zwei Zimmer, eins in jedem Hof. Im Grunde läuft das Miteinander einigermaßen gut, Absprachen um Geld haben sie gefunden. Es gibt immer mal Konflikte, zum Beispiel um das Thema »Handy und Hausaufgaben«: Ole kann sich nämlich auch vom Nordhof aus in das WLAN des Südhofs einloggen, aber Oles Vater würde die Sache gern strenger handhaben.

Hoffnungsschimmer

Brauchen Sie jetzt schon ein Happy End? Dann können Sie am Schluss des Buches eine kurze Szene aus »Bullerbü morgen« lesen. Das ist eine hoffnungsvollere Variante als diese drei möglichen Bullerbü-heute-Familien …

Kann so Glück aussehen? Die Erfahrung in der Familienberatung sagt: Viele Eltern haben diese Frage schon mit »Nein« beantwortet, bevor sie es überhaupt probiert haben. Weil Lebensglück eben so aussehen muss wie in den Bullerbü-Büchern von Astrid Lindgren. Und es muss rund um die Uhr stattfinden, Glück 24/7. Wenn das Leben dann irgendwie aus dem Rahmen fällt, wenn es anders läuft als erwartet, dann wird es extra kompliziert. Dieses Bullerbü-Glücksbild ist dann eine zusätzliche Belastung. Ehen werden dann als »gescheitert« betitelt, Familien als »zerbrochen« oder zumindest als »schwierig«. Eltern versuchen schamhaft, ihre Lebensumstände zu verstecken, und spielen heile Welt. Insgeheim fühlen sie sich aber schuldig, weil sie ihren Kindern kein Bullerbü bieten können. Diese »Schuld« laden sie dann meistens beieinander ab.

Natürlich – und zum Glück! – erleben viele Menschen heute immer wieder schöne Momente. Etlichen Familien geht es gut. Hier und da und dann und wann ist es immer wieder so lustig wie in Bullerbü, und die Welt ist schön. Ich stelle hier bewusst Kontraste zwischen Bullerbü als der schönen heilen Welt und unseren heutigen Lebensumständen her, die oft kompliziert und bedrohlich sind. Das soll nicht die vielen Zwischentöne überdecken, die das Leben zu bieten hat, und auch nicht das Glück vieler Menschen kleinreden. Dennoch: Auch Menschen, denen es heute gut geht, sind umgeben von solchen, denen es anders geht. Kein Tag ohne schlechte Nachrichten und besorgniserregende Berichte über Kinder und Familien in unserer Gesellschaft. Wir leben nicht in Bullerbü, aber viele Menschen träumen nach wie vor davon.

Es lohnt sich, ein paar Hauptunterschiede zwischen dem alten Bullerbü-Traum und unserer Wirklichkeit unter die Lupe zu nehmen. Aber keine Sorge: In den Winkeln und Brüchen unserer Lebenswelt versteckt sich doch mehr Glück, als wir vermuten.

Liebe Frau Lindgren,

ich liebe Ihre Bücher. Als Kind habe ich sie selbst gelesen, und meinen Kindern habe ich sie vorgelesen. Rasmus und der Landstreicher, Die Brüder Löwenherz, Mio, mein Mio, Ronja Räubertochter, Kalle Blomquist, Die Kinder aus der Krachmacherstraße – wundervolle Geschichten! Mit Pippi Langstrumpf und Karlsson vom Dach konnte ich nicht so viel anfangen, die waren mir als Kind wohl zu frech. Mit den Kindern aus Bullerbü umso mehr.
Es ist, als würde eine Grenze durch Ihre Bücher laufen. Eine Grenze zwischen einer heilen Welt voller Glück und Spiel und einer bedrohten Welt voller Angst und Trauer. Manche der Bücher finden sich auf der einen, manche auf der anderen Seite. »Mio, mein Mio« ist ein Buch voller Angst und Dunkelheit. In dem dunklen Ritter Kato zeigt sich das Böse, so wie Sie es auch gesehen haben, als Adolf Hitler die Welt in den Krieg stürzte. »Die Brüder Löwenherz« sind voller Trauer und Kampf, die Sie auch kennenlernen mussten. In der Krachmacherstraße aber und in Bullerbü gibt es das Böse nicht, keine Zweifel und keine Trauer.
Was ist das für eine Grenze? Sie haben berichtet, dass Ihre eigene, glückliche Kindheit früh zu Ende war. Sie waren schwanger geworden, ohne verheiratet zu sein, und mussten aus Ihrem Heimatdorf verschwinden, um Ihren Eltern die Schande zu ersparen. Ihren

Sohn (Lars, genannt Lasse) haben Sie in Kopenhagen anonym geboren, ihn dort bei einer Pflegemutter gelassen, dann bei Ihren Eltern, weil Sie ihn in Stockholm selbst kaum versorgen konnten. Erst später hat sich Ihr Leben wieder etwas sortiert mit der Heirat und Ihrer zweiten Tochter. Aber auch das war nicht leicht. Ihr Mann war nicht immer treu, hat getrunken und ist früh gestorben. Es gab viel Schweres in Ihrem Leben, und das spiegelt sich in etlichen Ihrer Bücher wider. Nicht aber in Bullerbü. Als wollten Sie die Welt der Kindheit vor dem Erwachsenwerden schützen.

In einem Interview wurden Sie einmal gefragt, ob es Bullerbü wirklich gibt. Viele Kinder haben Ihnen geschrieben, um zu erfahren, wo es liegt. Sie haben geantwortet, dass es in Ihrem Herzen zu finden sei. Ein Sehnsuchtsort.

Ich glaube, dass viele Menschen diese Sehnsucht mit Ihnen teilen. Viele wünschen sich einen Ort, wo sie unzerbrochen und zweifel-los leben können. Manche zerbrechen fast auf der Suche danach.

In dem Buch »Ronja Räubertochter« springt Ronja über den Höllenschlund. Stolz und Streit, Gefahr und Engherzigkeit sind dort versammelt und sie muss den Bruch mit ihrem Vater in Kauf nehmen. Sie beschreiben das Ringen der verschiedenen Kräfte in einer schönen und doch auch gefährlichen Welt. Und die Versöhnung. Das gute Ende von Ronja Räubertochter ist kein »Entweder-Oder«, kein »heile Welt oder finstere Welt«, sondern ein »Sowohl-als-Auch«, eine Welt mit Versöhnung und Veränderung.

Ich danke Ihnen für alle Ihre Bücher, besonders

aber für dieses. Ich glaube, es zeigt einen Weg, mit dieser Sehnsucht nach dem Heilen in einer Welt voller Unheil zu leben, ohne sich zu verausgaben. Unser Leben muss nicht sein wie in Bullerbü, damit wir vor Ritter Kato sicher sind. Es kann sein wie die Mattisburg: mit einem Riss, der mittendurch geht, aber überwunden werden kann.[9]

Mit herzlichen Grüßen,
Lars Mandelkow

Die heile Familie

Das Grundmodell des Glücks heißt nach wie vor »Vater, Mutter, Kinder«. Das ist der Kern unserer Idee von »Familie«.

Zweifel an dieser Behauptung?
Bitte geben Sie einmal »glückliche Familie« in die Google-Bildersuche ein und bestaunen Sie die Ergebnisse. 95 Prozent aller Google-Treffer entsprechen dem Bullerbü-Klischee. Schauen Sie sich nun auch Ihre eigene Zeichnung von vorhin an. Gehören Sie zur Mehrheit?

In Bullerbü gibt es nur solche »intakten« Familien. Die Kinderzahl pendelt zwischen zwei und drei. Getrennte Paare gibt es nicht, alleinerziehende Eltern auch nicht, kinderlose Paare schon gar nicht. Wie bedürfnislose Satelliten umkreisen die Eltern die Spielräume der Kinder. Sie sorgen für gemeinsame Mahlzeiten, saubere Kleidung und schöne Feste, sind verlässlich und stabil. Sie brauchen keine Ferien und keine »Zeit für sich«. Große Konflikte gibt es genauso wenig wie große Veränderungen. Dieses Grundmodell des Glücks gibt es natürlich nicht nur in Bullerbü – vom Kinderbuch bis zum Familienfilm ziehen sich diese Bilder durch unseren Alltag und prägen unser Gefühl von dem, wie eine gute Familie sein soll.

Die Wirkung dieser Bilder ist nicht zu unterschätzen. Bullerbü-Bilder können motivieren, können inspirieren. Sie können Leitbilder sein, wenn es darum geht, die Zukunft zu planen. Zu Astrid Lindgrens Zeiten waren es notwendige Bilder, um den Blick auf die Bedürfnisse der Kinder zu richten. Astrid Lindgren hat ihre Bücher in einer Zeit geschrieben, in der Kinder oft als »noch nicht fertige Erwachsene« betrachtet wurden, sie hatten einen Platz am Rande der Gesellschaft. Sie waren Eigentum der Eltern (vor allem des Vaters), der über ihr Leben bestimmte. Viele Kinder mussten früh arbeiten, die Schule diente dazu, ihnen mithilfe von Strafe und Disziplin Wissen beizubringen. Gehorsam war eine selbstverständliche Erwartung.

Perspektivwechsel

Sagte die Mutter zu ihrem Kind 1915 noch: »Warte, bis der Vater nach Hause kommt. Der wird dir Gehorsam beibringen!«, hört man heute im Jahr 2020 das Kind zum Lehrer sagen: »Dazu haben Sie kein Recht. Mein Vater ist Anwalt, der wird Ihnen das gern erklären.«

Fachrichtungen wie Erziehungswissenschaften oder Entwicklungspsychologie waren noch nicht etabliert. Die Charta der Kinderrechte wurde erst 1924 bzw. 1948 verabschiedet[10] – auch durch das Engagement von Personen wie Astrid Lindgren. Natürlich hat es zu allen Zeiten Menschen gegeben, die Kinder geliebt, geschützt und gefördert haben. Die Gesellschaft war aber nicht darauf ausgerichtet. Um die Kinder zu ihrem Recht zu bringen, war es nötig, die Erwachsenen in den Hintergrund zu rücken wie in den Bullerbü-Büchern – ein Mädchen als Ich-Erzählerin war eine Revolution – oder sich über sie lustig zu machen wie bei »Pippi Langstrumpf«. Astrid Lindgren hat ihr Leben lang für die Anerkennung der Bedürfnisse von Kindern gekämpft. Für heutige Familien meist eine Selbstverständlichkeit. Das »Kindeswohl« ist in aller Munde und in der öffentlichen Diskussion gesetzlich verankert. Aufgabe von Eltern und Institutionen ist es, Kindern eine optimale Entwicklungsumgebung zu schaffen. Nicht wenige Pädagoginnen und Pädagogen klagen sogar darüber, dass im Zuge der Entwicklung die Kinder derart in den Mittelpunkt der Aufmerksamkeit gerückt sind, dass Werte wie Respekt gegenüber Älteren oder ein Sinn für Ordnung verloren gehen. In jedem Fall aber ist die Lage der Kinder in weiten Kreisen unserer Gesellschaft viel freier und zugleich viel geschützter als vor 100 Jahren. Zum Glück. Man könnte also sagen, dass die Kindheits-Bilder wie die von Astrid Lindgren einen guten, verändernden Effekt hatten. Und dass sie heute so nicht mehr nötig sind.

Und doch schweben die Bilder der heilen Bullerbü-Familie als Maßstab über vielen Familien. Und je mehr diese Bilder veralten und zu heiligen Bildern werden, desto mehr können sie auch schaden: Wann immer es schwierig wird in der Familie, wann immer etwas nicht klappt, wirken diese Bilder. Wenn etwas nur halb gelingt und wenn das Leben wieder mal nicht so einfach ist, scheitern wir doppelt: Wir scheitern an der aktuellen Aufgabe und zusätzlich an unseren Idealbildern. Dann geht es nicht einfach darum, dass ein Plan nicht gelungen ist und wir einen anderen brauchen. Dann kommt das Gefühl auf, etwas grundsätzlich falsch zu machen. Etwas Heiliges zerstört zu haben. Denn in St. Bullerbü sieht alles so einfach aus.

Bibelquiz

Wie viele Bibelstellen gibt es, die Familien aus Vater, Mutter und ein bis drei Kindern beschreiben? Und wenn wir schon dabei sind: Wie oft äußert sich Jesus zum Thema »Mobiltelefone und moderne Medien«?

Aber selbst wenn man einmal alle Statistik außer Acht lässt und nur die Familien betrachtet, die heute tatsächlich in solchen Bullerbü-Konstellationen zusammenleben, sind diese Bilder von gestern. Das Glück in diesen Lebensgemeinschaften ist viel dynamischer und fordert viel mehr Aufmerksamkeit, als Bullerbü es zeigen kann und will. Das gemeinsame Glück lässt sich eben nicht planen oder gar schmieden. Es gibt immer Aufs und Abs, bessere und schlechtere Phasen. Es gibt Sorgen, Trauer und Krankheit. Es gibt unvereinbare Bedürfnisse und gegenläufige Entwicklungen, die in Krisen führen. Der Umgang mit dieser lebendigen Dynamik ist entscheidend, nicht das Bild, das Vater-Mutter-Kind nach außen abgeben.

Wir hören überall, dass das Leben planbar, optimierbar ist. Jeder ist seines Glückes Schmied. Jede ist die Designerin ihrer Träume. Das ist mindestens zur Hälfte eine Lüge. Das Glück ist immer nur zur Hälfte Tat – zur anderen Hälfte ist es Geschenk. Ein lebendiges, dynamisches, zerbrechliches Geschenk.

Die Realität von Familien heute ist vielfältig. Es gibt klassische Familien im Bullerbü-Stil und Patchworkfamilien. Kinderlose Familien leben neben kinderreichen, andere leben mit Pflege- oder Adoptivkindern. Erwachsene und Kinder mit verschiedensten Einschränkungen und Begabungen leben zusammen. Von der kulturellen Vielfalt und den Unterschieden zwischen Nordfriesinnen, Bayern, Türkinnen und Syrern sprechen wir hier noch gar nicht. Wenn eine »heile Familie« nur so eine ist, die in die Bullerbü-Schablone passt, sind alle diese Familienmöglichkeiten Abweichungen von der Heile-Familie-Norm.

Manche Zeitgenossen, die Offenheit und Toleranz predigen, klingen allerdings so, als würden sie sich von dieser Norm lieber doch nicht verabschieden wollen. Sie reden von Familien, die »trotzdem« ein gutes Miteinander pflegen, oder die »auf andere Weise« so etwas wie eine Familie darstellen. Die Variationen sind dann so etwas wie Mutationen, die durch die Verstrahlung mit dem Zeitgeist zustande kommen und mit denen man eben freundlich umgehen muss. Ich glaube, das greift zu kurz, weil »das Heile« dann trotzdem mit der äußeren Form der Bullerbü-Familie verknüpft bleibt. Natürlich kann man »das Heile« in der Bullerbü-Familie finden, aber es hat dort nicht seinen Ursprung. »Das Heile« in einer heilen Familie findet sich in der liebevollen Aufmerksamkeit, die zwischen ihren Mitgliedern spürbar wird, nicht in ihrer äußeren Form.

Das ist der Kern-Irrtum: Eine Bullerbü-Konstellation ist nicht automatisch die bessere Familie. Ob eine Familie heil ist oder nicht, zeigt sich daran, wie sie mit Veränderungen und Brüchen umgeht, ob es Vergebung gibt und ob Scheitern und Lernen erlaubt sind. Ob es inmitten des Alltags auch bedingungslose Liebe gibt. In solchen Familien, welche Form sie auch haben, findet sich auch Platz für die Sehnsüchte der Kinder (wenn es denn Kinder gibt) nach freiem Spiel und Abenteuer, nach lebendigem Kontakt zu Eltern und Freunden. Da passiert ein bisschen heile Welt nebenbei.

Und: Die »heile Familie« ist kein Dauerzustand. Sie ist auch kein Ziel, bei dem wir ankommen, wenn wir genug Ratgeber gelesen haben, genug Ehe- und Erziehungsseminare besuchen und unseren Kindern genug Gemüse zu essen geben.

»Das Heile« in einer Familie ist ein Immunsystem der Beziehungen, ein Kompass der Emotionen, ein Gleichgewichtssinn der Generationen. »Das Heile« zeigt sich gerade nicht unter Bullerbü-Bedingungen, sondern beim Navigieren durch die Stürme und Flauten des Lebens. Viele Familien heute erleben genau das: dass es irgendwie gut geht. Statt etwas verschämt zu meinen, dass man wohl irgendwie Glück gehabt hat, kann man aber etwas anderes tun: Genauer hinsehen, wie »das Heile« in Familien wachsen kann. Oft hat es damit zu tun, das gut sein zu lassen, was nicht perfekt ist.

So betrachtet, erscheinen die verschiedenen Familien-Versionen im »heutigen Bullerbü«, die ich oben geschildert habe, in einem anderen Licht: Ganz »heil« ist keine. Am gesündesten ist das Miteinander vielleicht im dritten Beispiel mit der Patchworkfamilie, die verteilt auf zwei Höfen wohnt. Dort allerdings gibt es auch am meisten täglichen Abstimmungsbedarf, vielleicht geht es dort am unruhigsten zu. Die Konflikte in den anderen Varianten sind unterschiedlich – unterschwellig bei den Eltern von Britta und Inga im zweiten Beispiel, sichtbarer bei Lasse, Bosse und Lisa. Und das, obwohl diese Familien noch am ehesten dem klassischen Bild entsprechen. In beiden Fällen scheint es an Beweglichkeit zu fehlen. Die Situationen sind ungünstig, und die Eltern kreisen um ihre Probleme, statt eine passendere Haltung zu finden.

Was es braucht, ist ein Maßstab für ein gutes Miteinander unter wechselnden Umständen. Das starre Bild von der heilen Familie taugt dazu nicht.

Liebe Maria, lieber Josef,

Ihr seid die Eltern in der »heiligen Familie«. Tausende Bilder gibt es von Euch, wie Ihr andächtig und gottergeben an der Krippe im Stall von Bethlehem steht, voller Liebe für Euer und Gottes Kind.

Unendlich beschenkt seht Ihr aus, in der ersten Reihe des Weihnachtswunders, erste Ansprechpartner für die Weisen aus dem Morgenland, für die Hirten mit der Engelsbotschaft.

Heilige Familie seid Ihr. Aber ich frage mich, ob Ihr auch eine »heile Familie« gewesen seid. Wie das Herz wohl aussah, in dem Du, Maria, all diese rätselhaften Worte bewegt hast. Wie es in Deinen Träumen aussah, Josef, wenn Dir nicht gerade ein Engel erschienen ist. Und wie Ihr beide miteinander gesprochen habt über all das Unaussprechliche. Oder eben geschwiegen. Ich beneide Euch nicht.

Das Kind war nicht von Euch beiden, wenn man der Geschichte folgt. Oder war es das doch, oder war der Vater jemand anderes und Gott hat eben seine Heilsgeschichte in Eure sehr menschliche Geschichte hineingelegt? Ist das nicht furchtbar kompliziert?

Für Dich, Josef, immer wieder zu glauben, dass Maria zugleich Deine Frau und so etwas wie eine göttliche Leihmutter ist? Jesus Dein Sohn und doch nicht Dein Sohn? Für Dich, Maria, vielleicht zu sehen, wie Josef mit Euren anderen Kindern so viel selbstverständlicher umgeht? Was ist durch Dich in Eure

Familie gekommen, ohne dass Du es verhindern konntest? Ist nicht alles aus dem Gleichgewicht? Gleich nach der Geburt musstet Ihr fliehen. Aus einem stinkenden Stall in ein Leben als Flüchtlinge. Und später das Gerede der Leute ertragen. Über das Kind, über den eigensinnigen Jugendlichen, später über den extremen jungen Mann. Wie war das für Euch, als Jesus Euch in aller Öffentlichkeit zurückgewiesen hat? Wie haben seine Geschwister reagiert auf all diesen Trubel? Und später die Kreuzigung und alles Weitere. Voller Wunder, so heißt es, aber doch eigentlich kaum zu ertragen für ein menschliches Herz, nicht zu begreifen, für einen menschlichen Verstand. »Mutter der Schmerzen – Stabat Mater« wurdest Du genannt in der Kirchengeschichte. Es gibt Altäre für »die sieben Schmerzen Marias«. Hattest Du das Gefühl, eine gute Mutter zu sein?

Etwas Trost gab es vielleicht, wenn Ihr Euch mit Elisabeth und Zacharias getroffen habt – denn die hatten es auch nicht leicht. Haben einen Propheten bekommen. Ein Kind, dass Zacharias die Sprache verschlagen hat.

Ich glaube, Ihr wart keine heile Familie. Aber dennoch glaube ich, dass Ihr eine gesegnete Familie wart. Dass es gerade die Risse und Brüche waren, die Ihr ertragen musstet, in denen das Licht Gottes geleuchtet hat. Ich glaube, dass Ihr Trost gefunden habt, bei Gott und beieinander. Dass Ihr einander vergeben lernen konntet, wenn Euch zwischendurch das Vertrauen verloren gegangen war.

Dass Ihr es ausgehalten habt, einen Sohn zu haben, der doch nicht der Eure ist. Dass Ihr Euch irgendwie damit abfinden konntet, auf unterschiedliche Weise, dass Ihr eine besondere Familie seid, obwohl Ihr vielleicht oft genug lieber einfach eine ganz normale Familie gewesen wärt. Aber was ist das überhaupt – normal? »Unauffällig« trifft es wohl besser. Vielleicht ist das gerade das Heilige bei Euch, dass Zerbrochenes und Rätselhaftes neben dem Göttlichen und Wunderbaren bestehen kann. Eine heilige nicht-heile Familie seid Ihr. An Gott zerbrochen, von Gott geheiligt und bei Gott aufgehoben. Eben keine Bilderbuch-Familie. Keine Form, in die ich meine Familie zu pressen versuchen muss. Eher eine Familie, die Gott am Herzen liegt und sich immer wieder der Form dieses Herzens anpassen kann.[11]

Danke! Ave Maria! Ave Josef!
Euer Lars

Die gute Arbeit

Zu den Bildern von der heilen Familie in der heilen Welt gehören auch Berufsbilder für die Erwachsenen. Lange Zeit betraf die Frage nach der Erwerbsarbeit vor allem den Mann, da die Aufgabe der Frau in erster Linie zu Hause gesehen wurde. Doch auch wenn es hier einen Wandel gab und viele Frauen heute ebenfalls erwerbstätig sind, so heißt das nicht, dass die Sehnsucht nach einer Bullerbü-Arbeit heute nicht präsent wäre: die Sehnsucht nach einer verlässlichen Arbeit, die Sinn gibt.

Das klassische Bild der Jahrhundertwende, das nach dem Zweiten Weltkrieg vorherrschte, sah so aus, dass der Vater irgendeinen Beruf hatte, welchen, war eigentlich egal. Es wurde ohnehin nicht viel davon gesprochen. Wichtig war nur, dass die Arbeit verlässlich war. Arbeitslosigkeit oder Neuorientierung waren nicht vorgesehen. Der Mann ging morgens aus dem Haus und kam am späten Nachmittag zurück, in ein Heim mit lachenden Kindern und zur besten Kaffeezeit. Dieses Bild hat allerdings seine Haken, manche halten es auch für politisch verdächtig:[12] Es riecht zu sehr nach dem Trauma des abwesenden Vaters und dem Mangel an Selbstbestimmung und Entwicklung für die Frau. Die allermeisten Menschen halten dieses klassische Bild für veraltet. So beschreiben Umfragen die Idee vom Mann als Ernährer der Familie als »Auslaufmodell«. Dieses Ergebnis erhält man, wenn man Menschen nach ihrer Meinung fragt.[13] Seltsamerweise ist in fast ebenso vielen Familien dennoch nach wie vor der Mann der Hauptverdiener.

Zeitmaschine

Eine Freundin von mir ist Hebamme und betreut Familien. Sie hat einmal gesagt, dass ein Kreißsaal eigentlich so etwas wie eine Zeitmaschine sei: »Die Paare, die reingehen, sind modern, aus der heutigen Zeit. Wenn sie wieder rauskommen, verhalten sie sich, als wären wir im Jahr 1950.«

Doch auch wenn dieses klassische Bild der Nachkriegszeit abgelöst wurde und heutzutage die meisten Frauen auch erwerbstätig sind, so sind es nach wie vor die Frauen, die ihre Berufstätigkeit nicht nur in der Kleinkinderphase einschränken, sondern auch später viel eher in Teilzeit arbeiten als Männer. Dieses Ergebnis tritt zutage, wenn man Menschen fragt, wie sie tatsächlich leben.[14]

Doch viele sind unzufrieden mit der Aufteilung von Arbeit und Familie zwischen Mann und Frau und mit dem »Gleichgewicht von Arbeit und Leben« – wie es so schön heißt. So als wären »arbeiten« und »leben« zwei verschiedene Dinge – wenn man arbeitet, lebt man nicht, und umgekehrt.

Realitätscheck

Schauen Sie sich mal in Ihrem Umfeld, Ihrem Freundeskreis um. Wie sieht es dort aus? Wer arbeitet Vollzeit, wer Teilzeit? Wer kümmert sich in erster Linie um die Kinder? Machen Sie gern eine kleine statistische Auswertung in Prozentzahlen, dann lässt es sich leichter weitererzählen.

Viel beliebter – und verführerischer – ist daher das geradezu heilige Bild, wie wir es in Bullerbü finden. Da gibt es auch verlässliche Arbeit und klare Rollen, aber es gibt keine Entfremdung: Der Hof, auf dem die Familie lebt, ist zugleich der Arbeitsplatz der Eltern. Die Arbeit ist ständig sichtbar und spielt eine Rolle im Alltag. Leben und Arbeit sind ineinander verwoben. Daraus resultiert eine besondere Form der Erdverbundenheit, alles wirkt so natürlich. Die Jahreszeiten und Feste haben einen klaren Platz im Familienleben, die Erntezeit kommt mit klaren Aufgaben für alle und führt direkt zum Wohlstand der Familie. Das ist dann nicht Geld auf dem Konto, sondern eingemachte Früchte und eine Scheune voller Heu. Die Früchte kommen auf den Tisch und im Heu wird gespielt. Der Vater hat eine Aufgabe, die alle verstehen und sinnvoll finden – welcher Vater kann das heute von sich sagen? Haben Sie schon einmal versucht, Kindern den Sinn einer Arbeit als Versicherungsmakler oder Verwaltungsangestellter zu vermitteln?

Die Frau verwaltet und gestaltet den Wohlstand der Familie, indem sie die Produkte des täglichen Lebens herstellt. Sie backt das Brot und näht die Kleider. Nur dass sie das Material nicht im Internet bestellt oder aus dem Supermarkt holt, sondern direkt vom Vater bekommt. Ein paar Umwege gibt es natürlich, aber auch die sind sichtbar und verständlich: Das Korn wird zuerst zum Müller gebracht, dann kommt das Mehl nach Hause, die Wolle von den Schafen wird erst gesponnen, dann wird daraus der neue Pullover gestrickt. Aber die Äpfel, die die ganze Familie vom Baum gepflückt hat, und die Kartoffeln, die sie gemeinsam aus der Erde geholt haben, landen doch direkt auf dem Tisch. In der heilen Arbeitswelt lernen die Kinder ganz natürlich die sinnvollen Arbeitsschritte von den Erwachsenen, weil sie ihnen täglich dabei zusehen und mithelfen. Familie und Arbeit fließen ineinander, die Eltern sind immer da. Und es gibt nicht einen Tag, an dem Vater und Mutter am Sinn ihrer Arbeit zweifeln müssen, sie müssen zu keinem Meeting und haben keinen anderen Chef als den Schöpfer, der die Jahreszeiten steuert.

Dieses Bild von der guten Arbeit entspricht so gar nicht dem, was die meisten Menschen heute erleben. Dabei ist es gar nicht einmal so, dass die Arbeitsplätze, die es heute gibt, schlecht wären. Viele Menschen mögen, was sie tun. Etliche engagieren sich, manche leben geradezu für ihre Arbeit. Kreative, Pflegende, Lehrende, Handwerker, Leitungskräfte – viele antworten auf die Frage »Wer bist du?« zunächst einmal, indem sie ihren Beruf nennen. Aber diese Berufe passen meist nicht in das Bild der heilen Familien einer heilen Welt. Die Tätigkeiten der meisten Berufe finden eben nicht zu Hause statt. Und wenn doch, ist Homeoffice oft eher ein Problem als eine Lösung. Häufig geraten »Leben« und »Arbeit« dann in ständige Konkurrenz oder in ein dauerndes Durcheinander. In den meisten Fällen hat das Berufsleben nicht viel mit dem Leben zu Hause zu tun, viele arbeiten eingebunden in größere Institutionen und Systeme, die sich zum Beispiel Kindern kaum erklären lassen (Was genau ist eigentlich die Personalverwaltung einer gesetzlichen Krankenkasse?).

Im Bullerbü-Bild haben die Erwachsenen außerdem genau einen Beruf, und den üben sie zudem ihr ganzes Leben lang aus. Neben den drei Vätern auf Nord-, Mittel- und Südhof gibt es ja auch noch ein paar Randfiguren wie »den Schuster«, »den Schmied« oder (eine Frau mit Berufsbezeichnung!) »die Lehrerin« (Karrieredauer: bis zur ersten Schwangerschaft). Kein Wort von Beförderung, Umschulung, Weiterentwicklung, Berufswechsel. Kein Wort von flexibler Arbeit, Mobilität, Bereitschaftsdienst oder Teilzeitverträgen. Heutige Karrieren sind von ständigem Wechsel geprägt. Akademiker haben standardmäßig zeitlich begrenzte Stellen, müssen von einem Arbeitsplatz aus schon den nächsten anvisieren, in einer anderen Stadt, vielleicht auch im Ausland. Ob die Familie mitkommt, hängt natürlich von den Möglichkeiten der Partnerin bzw. des Partners ab. Etliche Familien entwickeln sich von einem Provisorium in das nächste. Viele Arbeitnehmer in größeren Wirtschaftsbetrieben haben sich an »Umstrukturierung« als Dauerzustand schon gewöhnt. Abteilungen werden geteilt oder zusammengelegt, Firmen fusionieren. Und wenn gerade nicht umstrukturiert wird, wird ein neues Computerprogramm eingeführt oder es gibt einen neuen Leitbildprozess, dem dann wieder Umstellungen folgen. Das wachsende Tempo der Veränderungen führt nicht nur dazu, dass Arbeitnehmer zunehmend verunsichert sind, es führt auch zu einer fortschreitenden Gleichgültigkeit gegenüber dem Sinn solcher Veränderungsprozesse. Die Inflation an Umstellungen und Umstrukturierungen entfremdet Menschen weiter von dem, was sie tun – obwohl oft das Gegenteil bezweckt werden soll. Ein erfahrener Sozialarbeiter, der in einer meiner Supervisionsgruppen war, antwortete mir einmal auf die Frage, wie er denn mit den beständigen Veränderungen umgehe: »Man muss einfach cool bleiben und abwarten, wenn sie wieder die nächste Sau durchs Dorf jagen. Das meiste regelt sich mit der Zeit von allein.«

Was Menschen heute bei der Arbeit erleben, ist nicht nur ein Mangel an Eindeutigkeit à la Bullerbü, es ist das Gegenteil davon: Sie erleben unklare Veränderungen und überfordernde Komplexität. Und so kommt es, dass die Arbeit sich zuweilen nicht nur wie ein Hindernis anfühlt, sondern wie ein Verrat am guten Leben.

Eine andere Gefahr, die von der Idee der »guten Arbeit« ausgeht, hat mit der übersteigerten Bedeutung zu tun, die der Arbeit oft beigemessen wird. Zwar wünscht sich wohl niemand auf seinem Sterbebett, im Leben noch mehr gearbeitet zu haben, und doch arbeiten viele, als ginge es um Leben und Tod. Auf Kosten der eigenen Gesundheit, auf Kosten der Partnerschaft und der Beziehung zu den Kindern, sozusagen auf Teufel komm raus wird geschuftet, werden Überstunden gemacht, wird der Firma gehorcht und gedient. Zum Teil aus geerbtem Pflichtbewusstsein (»Erst die Arbeit, dann das Vergnügen!«), zum Teil aber auch in der Hoffnung, eines Tages eine unsichtbare Grenze zu überschreiten, auf deren anderer Seite das gute Leben liegt. Dort gibt es dann genug Geld und Zeit, um all das zu tun, was der aufreibende Arbeitsalltag heute nicht zulässt. »Wenn ich erst ... dann ...« ist der typische Satz für diese Haltung. »Wenn ich erst die Beförderung bekommen habe, dann ...«, »Wenn ich erst verbeamtet bin, dann ...«, »Wenn ich erst dieses Projekt abgeschlossen habe, dann ...«, »Wenn erst die Umstrukturierung in der Firma abgeschlossen ist, dann ...«. Frustrierend ist nur, dass sich diese Grenze verhält wie die berühmte Karotte vor der Nase des Esels – sie ist und bleibt immer nur fast erreichbar.

Darüber hinaus nimmt in vielen Familien die Frage, welchen Beruf die Kinder einmal haben werden, viel Platz ein! Schon die ganz Kleinen werden gefragt: »Was willst du werden, wenn du groß bist?« Und auch wenn die Frage der Nachfolge im väterlichen Betrieb heute eher die Ausnahme ist, können Kinder ihren Eltern doch kaum größeres Leid zufügen, als beruflich zu scheitern.

Lieber Jona!

Ich könnte verstehen, wenn Du diesem Jesus den Rücken gekehrt hättest. Du hast Dein Leben lang hart gearbeitet, warst Fischer wie Dein Vater und Dein Großvater. Einer von denen, die mit ihrer Hände Arbeit eine Familie über Wasser halten. Früh raus, bei jedem Wetter, stundenlang Netze flicken und säubern. Natürlich gab es viele schöne Momente – der Sonnenaufgang über dem See Genezareth, ein guter Fang, reden mit den anderen Fischern.

Vor allem aber war die Arbeit notwendig. Die Familie musste etwas zu essen haben. Und eine Fischerfamilie seid ihr nun mal gewesen. Bestimmt warst Du stolz auf Deine Söhne, Simon und Andreas, die hineingewachsen waren in dieses Leben, in diesen Beruf, die mit Dir auf den See fuhren. Von Dir haben sie gelernt, das Wetter einzuschätzen, mit Boot und Netzen umzugehen und den Fang nach Hause zu bringen. Sie waren die Zukunft der Familie.

Und dann kam Jesus und brachte alles durcheinander, an einem einzigen Tag. »Kommt mit mir, ich will euch zu Menschenfischern machen!« – was für ein Humbug. Aber ins Herz dieser jungen Männer gesprochen. Alle jungen Leute haben ja solch eine Phase von Idealismus und Aufbruch. Eine Zeit, in der sie empfänglich sind für große Ideen. Aber normalerweise geht die vorbei, wenn die Verantwortung kommt für die eigenen Kinder.

Hätte dieser Jesus nicht ein paar Jahre später vorbeikommen können?

Nicht mal die Netze eingeholt haben sie noch, sind einfach losgezogen. Und da saßt Du, allein mit der Arbeit wie früher, als die Jungs noch zu klein waren. Nur warst Du nicht mehr so jung wie früher.

Der Rücken tat schon weh und Du warst froh gewesen über die beiden starken jungen Männer, die mit angefasst haben.

Er hat Dir Deine Söhne genommen, hat sie umgarnt mit seinen Ideen von einer besseren Welt. Sie sind ihm ins Netz gegangen. Das kann doch nicht gut gehen. »Menschenfischer« – was soll das denn sein? »Jünger« – das ist doch kein Beruf. Davon wird doch keiner satt.

Ich frage mich, ob Du später Kontakt hattest zu Deinen Söhnen. Ob dieser Bruch geheilt ist. Was Du wohl gedacht hast, als die anderen Fischer am See erzählt haben, dass dieser Jesus Tausenden von Menschen zu essen gegeben hat, obwohl es eigentlich nur zwei Fische waren und fünf Brote, die er zur Verfügung hatte. Und Deine Söhne sind dabei gewesen, haben sie gesagt. Hast Du Dich abgewendet?

Oder bist Du stolz gewesen auf die beiden, die nicht der Arbeit gefolgt sind, sondern der Idee von einer besseren Welt? Hast Du Dich gefragt, ob es vielleicht doch geht, ganz anders zu leben als Du und Dein Vater und Dein Großvater? Ob man davon satt werden kann – oder vielleicht sogar noch etwas anderes als nur satt? Konntet ihr die Knoten in der Familie lösen? Ich wünsche es Dir.

Ich erlebe es heute: Wie unsere Kinder ein anderes Leben suchen als das geplante. In unseren Zeiten lässt sich ein Berufsleben fast nicht mehr planen. Die Arbeit und das gute Leben und eine bessere Welt sind ineinander verwickelt wie ein altes Fischernetz, viele sind darin gefangen. Ich hoffe es für Dich und ich hoffe es für uns, dass wir die Knoten lösen können. Damit die Arbeit einen guten Platz bekommen kann. Ich glaube aber, es ist nicht der erste Platz.[15]

Petri Heil.

Lars

Das gesunde Leben

Zur heilen Welt gehört auch der heile Körper in einer heilen Umwelt. Keines der Bullerbü-Kinder hat Heuschnupfen oder Laktose-Intoleranz, geschweige denn Migräne. Das Einzige, was vorkommt, sind Kinderkrankheiten, und auch die erscheinen als Teil einer natürlichen Entwicklung. So wie eben auch mal ein Milchzahn ausfällt. Ansonsten: alles heil. Kein Wunder, denn das Verhältnis von Mensch und Umwelt ist ungetrübt. Kein Kunstdünger auf den Feldern, kein Kraftfutter im Stall, keine Insektizide auf den Äpfeln. Bullerbü versorgt sich selbst. Kinder und Eltern sind kerngesund.

Wir lassen einmal außer Acht, was hier alles nicht erzählt wird. Wir denken nicht an die früher herrschende mangelnde ärztliche Versorgung auf dem Land, an ein Leben ohne erreichbare Unfallambulanzen oder ohne Betäubung beim Zahnarzt. Die Bullerbü-Bücher sind ja für Kinder, nicht für Historiker. Aber das, was erzählt wird, reicht völlig aus, um heutigen Eltern Gewissenskrämpfe zu verursachen. Was muten wir uns und unseren Kindern alles zu?

Jede Mahlzeit ist ein potenzieller Anschlag auf die Gesundheit. Und dabei müssen wir noch nicht einmal an die inzwischen klassischen Schwermetalle im Fisch denken, an Hormone im Hühnchen oder Antibiotika im Rinderhack. Auch Vegetarier leben gefährlich. Nicht-deklarierte Zusatzstoffe in Nahrungsmitteln lauern ebenso wie Gift-Skandale bei Bio-Äpfeln oder Dünger-Rückstände im Salat. Und selbst wer es sich leisten kann, nur im Bioladen einzukaufen, auf Erdbeeren im Winter verzichtet und penibel darauf achtet, dass alle Lebensmittel regional sind und der eigene ökologische Fußabdruck klein bleibt, kann sich nie ganz sicher sein. Denn was ist nun mit den versteckten Fetten, dem Cholesterin, der Säure-Base-Balance oder den krebserregenden freien Radikalen? Täglich gibt es neue Nachrichten zu Gefahren durch Nahrungsmittel. Eine schlichte Google-Suche zum Thema »gefährliche Lebensmittel« hat fast 2 Millionen Treffer.

Besonders gefährliche Lebensmittel laut »bessergesundleben.de«[16]

- nicht pasteurisierte Säfte
- Tomaten aus der Dose

- Sprossen
- zuckerhaltige Erfrischungsgetränke
- Austern
- Äpfel
- Kartoffeln

Was davon gab es bei Ihnen in der letzten Woche zu essen und zu trinken?

Wir essen zu viel, zu einseitig, zu unnatürlich, zu unregelmäßig, zu salzig, zu süß. Mit einem Wort: falsch. Und was uns Erwachsenen schon nicht guttut, ist für die Kinder geradezu Gift. Die Kinder aber lieben anscheinend genau das, was für sie schädlich ist, haben den Instinkt für das verloren, was ihr Körper braucht. Und wir müssen täglich entscheiden, was wir ihnen vorsetzen oder in die Frühstücksdose stecken. Das Dumme ist nur, dass die Flut an Informationen es geradezu unmöglich macht, wirklich gute Entscheidungen zu treffen. Und wie viele gut gemeinte Brotdosen kommen ungeöffnet zurück? In wie vielen Kinderzimmerschubladen finden sich Depots von Süßigkeiten, abgezweigt vom weihnachtlichen Schokoladen-Tsunami?

Und als wäre das nicht genug, ist ja auch auf die gute alte Natur kein Verlass mehr. Man kann die Kinder ja nicht einmal mehr guten Gewissens zum Spielen rausschicken. Die allermeisten Menschen wohnen in Ballungszentren, mit Lärm, Abgasen und Feinstaub direkt vor der Haustür. Wer das Glück hat, noch einigermaßen ländlich zu leben, kann sich trotzdem nicht ganz entspannen, weil von allen Seiten belastetes Wasser oder das Ozonloch droht. Oder eben Pollen in der Luft, Nüsse im Müsli, oder was sonst so Allergien auslöst. Und wer glutenfrei essen oder sich und seine Mitmenschen mit anderen Unverträglichkeiten belasten muss, ist natürlich von vornherein ausgeschieden und ein echter Bullerbü-Spielverderber.

Auch dies ist natürlich eine Übertreibung, die der Verdeutlichung dient. Zum Glück wissen wir heute mehr als früher über Gesundheit und Ernährung, über Umweltgifte und Vorbeugung von Krankheit. Viele Menschen leben länger und erfreuen sich guter Gesundheit. Zum Glück gibt es immer mehr Lebensmittel, die auch für Menschen mit Unverträglichkeiten lecker und gesund sind. Gerade dann, wenn es uns gelingt, es gut sein zu lassen, sind diese Errungenschaften ein Segen. Es gut sein zu lassen ist aber eine Kunst in einer Welt, die uns eher mit zu viel als zu wenig Information versorgt. Und gerade wer die Verantwortung nicht nur für sich selbst, sondern auch für seine Kinder trägt, kann leicht in Unruhe geraten.

Die Welt ist dann schnell voller Gifte und das Essen voller Gefahren. Und dem gegenüber steht das Bild von Bullerbü, wo jedes Kind den Weg jedes Nahrungsmittels von der Aussaat bis zum Einmachglas nachvollziehen kann. So soll es eigentlich sein. Aber dieses Bild bleibt uns im Halse stecken.

Lieber Petrus,

in Deinen Tagen gab es noch keine belasteten Nahrungsmittel. Und ich könnte Dich fast darum beneiden, gäbe es da nicht diese Geschichte, die erzählt, dass Du mit einem ähnlichen, nicht weniger schwierigen Problem zu tun hattest: mit unreinen Nahrungsmitteln nämlich.

Die Schadstoffe, mit denen ihr damals zu tun hattet, waren eher religiöser Art. Bestimmte Dinge durften nicht oder nicht zusammen gegessen oder zubereitet werden, wenn man nicht Gefahr laufen wollte, »unrein« zu werden, also bei Gott Missfallen zu erregen und die Möglichkeit zu verspielen, zum Beispiel in den Tempel zu gehen. Wer unrein war, wurde von anderen gemieden. Das richtige Essen war eine Frage des guten Lebens. Das erinnert mich an die fast religiöse Haltung mancher Nahrungsheilsvertreter heute, die vegetarisches oder veganes Essen oder nach Demeter-Maßstäben erzeugte Lebensmittel nicht nur für gut und wichtig halten, sondern für das Zentrum der Rettung unserer Erde, für den Kern einer wahrhaft liebevollen menschlichen Haltung. »Orthorexie« nennen das manche meiner Psychologie-Kollegen spöttisch, eine Mischung aus »Orthodoxie« (der rechten Lehre) und »Anorexie« (einer Essstörung).

In den Geschichten aus dem Neuen Testament wirst Du als einer dargestellt, der es ernst meint mit dem guten Leben. Du wolltest es richtig machen mit Gott und dem Leben. Du hast auf die Lehre Jesu gehört und warst am Boden zerstört, als es Dir nicht gelungen ist, das Richtige zu tun. Nach der Ostergeschichte hattest Du aber einen wichtigen Auftrag: Du solltest Dich um die junge Kirche kümmern, dafür sorgen,

dass alles in den richtigen Bahnen läuft. Und dazu gehörte nach allem, was Du gelernt hattest, dass man nicht »so essen soll wie die Heiden«.
Alles, was »unrein« ist, gehört nicht auf den Tisch.
Es muss Dich ordentlich durcheinandergebracht haben, als Du in einer Vision von Gott selbst aufgefordert wurdest, einen Haufen unreiner Tiere »zu schlachten und zu essen«. Wie war das für Dich, als Du plötzlich etwas gut sein lassen solltest, was vorher eindeutig nicht gut genug war? Warst Du erleichtert? Oder enttäuscht?
Auf jeden Fall hast Du es gemacht – nicht geschlachtet und gegessen, das war ja nur ein Bild. Du bist zu Leuten gegangen, die ganz anders waren als Du und hast mit ihnen über Gott gesprochen, über das Heilige hinter den Speisevorschriften. Ich finde das bewundernswert. Du hast im wahrsten Sinn »über den Tellerrand geblickt« und hast eine Haltung aufgegeben, die Dir wichtig war – um Platz zu schaffen für etwas noch Wichtigeres.
Ich möchte gern von Dir lernen. Möchte es gut sein lassen mit meinen Ansprüchen, wenn sie eigentlich nur der Begegnung mit anderen im Weg stehen.[17]

Beste Grüße und weiterhin guten Appetit.
Lars

Bewegung und Mobilität

Die Kinder von Bullerbü toben über Felder und Wiesen, balancieren auf Zäunen und klettern auf Bäume. Die Eltern gehen zu Fuß oder sitzen auf dem Pferdefuhrwerk. Alles ganz natürlich.

Heutige Kinder sitzen zu viel. Vor dem Fernseher, am Handy, im Auto der Eltern auf dem Weg von A nach B.

Überhaupt das Auto: Kaum eine Familie ist ohne Zweitwagen. Denn alle müssen ja dauernd irgendwohin, alle sind ständig auf Achse, aber nicht auf den Beinen. Und weil man davon dick und krank wird (und Kinder außerdem noch dumm, sagen die Ratgeber), gibt es noch ein paar Termine, die Ausgleich schaffen sollen: Fitnessstudio, Physiotherapie, Reiten oder Fußball. Wir eilen der Bewegung hinterher. Im Auto. Und selbst wer auf das Auto verzichtet – aus Sparsamkeit, Umweltbewusstsein oder als Großstadtkind –, lebt deshalb kaum ruhiger. Wer auf öffentliche Verkehrsmittel angewiesen ist, weiß ein Lied von Verspätungen zu singen und entwickelt sich zum Experten für die schlauesten Verbindungen mit Bahn und Bus.

Typisches Gespräch auf einer Feier in Berlin

»Ich muss zur Warschauer Straße. Ich glaube ich nehme am besten die U2 und steige am Zoo um.«

»Nein, da musst du ewig laufen, die bauen da um. Ich würde mit der 2 bis zum Wittenbergplatz fahren und da in die 1 umsteigen.«

»Warum nimmst du nicht den Expressbus?
Da sparst du um diese Zeit locker 5 Minuten, wenn du am Alex in die 5 steigst. Und dann ist es mit der Tram ab Frankfurter Tor nur eine Station.«

... und so weiter und so weiter.

Ein Fitnessstudio in Bullerbü wäre undenkbar. Ein Reiterhof völlig unnötig. Die Welt dort ist einfach und gesund. Die heutige Welt ist das nicht. Wohnen, Arbeiten, Schule und Freunde sind nicht an einem Ort. Wer mitmachen will, muss beweglich sein. Und schnell. Dann kann man die vielen guten Angebote nutzen, aus denen am Ende ein gutes Leben wird, wenn man sie schlau kombiniert.

Und das sind noch lange nicht die Grenzen der Mobilität, die zwar eigentlich »Beweglichkeit« heißt und doch erschreckend viel mit Sitzen zu tun hat. Eltern arbeiten in verschiedenen Städten, pendeln oder reisen durch das Land und um die Welt. Kinder haben Eltern an verschiedenen Orten. Unsere Welt hat an Internationalität gewonnen. Darin liegt viel Gutes. Aber das Leben in dieser Welt ist aufwendig. Und es ist ein Gegensatz zu der kleinen Welt von Bullerbü, an der sich so viele Ideale festmachen.

Kommunikation

Das Gleiche gilt für die Kommunikation. Die Jugend von heute ist häufig einhändig, weil die andere Hand dauerhaft vom Smartphone belegt ist. Der Draht zur Welt und zu den Freunden reißt niemals ab. Und die Eltern, die sich darüber beschweren, tun eigentlich auch nichts anderes. Sie organisieren die Fußballtermine der Kinder über eine WhatsApp-Gruppe. Und alle anderen Termine auch. Schon kleine Kinder im Kinderwagen sehen ihre Eltern kaum ohne Smartphone. Manche Kontakte finden schon kaum noch in der analogen Realität statt, sondern fast nur noch im Chat. Die Panik, die Menschen erfassen kann, wenn sie ihr Smartphone verloren haben, sieht fast aus, als hätten sie mit einem Schlag all ihre Freunde verloren.

Viele Familien bemühen sich um Mäßigung, schränken Bildschirmzeiten ein. Aber es geht kaum ohne. Unsere bewegliche, schnelle, vielfältige Welt funktioniert durch digitale Kommunikation. Das kann man mögen oder nicht – wer sich nicht ausschließen will, muss zumindest zu einem gewissen Grad mitmachen. Wer seinen Kindern eine analoge Kindheit ermöglichen will und die Nutzung sozialer Medien begrenzt, riskiert gleichzeitig, dass sie den Anschluss an wichtige peer-groups verlieren – mit zum Teil schwierigen Folgen für das Selbstwertgefühl. Wer den Kindern freie Hand lässt, riskiert auf der anderen Seite, dass sie nicht nur in den Sog der Medien geraten, sondern auch unter den Druck oft gedankenloser digitaler Gruppendynamik – Cybermobbing ist kein Kinderspiel! Die schnelle, direkte digitale Kommunikation ist ein kompliziertes Geschäft. Und zugleich ist sehr vieles unbestritten leichter und schont Umwelt und Nerven. Aber Bullerbü ist das nicht.

In Bullerbü gibt es noch nicht einmal ein Telefon. Alle Kommunikation ist analog, direkt, persönlich. Diese Klarheit und Eindeutigkeit ist es, die den Charme dieser heilen

Welt ausmacht. Missverständnisse, Informationsmangel oder -überfluss gibt es nicht. Nur Kommunikation im Hier und Jetzt.

Lebensrhythmen

Das Leben in Bullerbü kommt ohne Technik aus, die Menschen leben nah an der Natur und ihren Rhythmen. Die Jahreszeiten, die Abläufe der Landwirtschaft und die christlichen Feste geben den Rhythmus des Lebens vor, der für alle gleich ist. Das ist schön. Im Winter gibt es Handarbeit am Kamin, im Herbst die Ernte, im Sommer ist es lange hell und alle sind draußen, und am schönsten ist es an Weihnachten. So ist es eben. Nichts und niemand stellt das infrage.

Heute müssen wir solche Selbstverständlichkeiten lange suchen: Schichtarbeit und verlängerte Öffnungszeiten sind normal, Kindertagesstätten in großen Städten bieten 24-Stunden-Versorgung an. Viele Menschen arbeiten international über verschiedene Zeitzonen hinweg. Und es gibt längst nicht mehr die eine Kultur, die Feste und Zeiten vorgibt. Familien müssen sich entscheiden, ob sie Jugendweihe oder Konfirmation, Ostern, das Zuckerfest, beides oder gar nichts feiern. Jeder macht seinen Rhythmus selbst.

Vieles davon ist eine Folge der Globalisierung und hat Vorteile wie Nachteile. Wer möchte schon gern darauf verzichten, den 24-Stunden-Service einer Versicherung nutzen zu können? Wer freut sich nicht darüber, dass der Supermarkt bis 22 Uhr offen ist, wenn man vergessen hat, den Wein für die Feier einzukaufen?

Vieles ist aber auch eine Frage unserer Ideale. Statt eingeplanter Langeweile, Zeiten zum Verschnaufen und einem Wechsel von Aktivität und Passivität sind viele Rhythmen in heutigen Familien von ständiger Aktivität geprägt. Von frühmorgens bis spätabends wird die Zeit genutzt, um möglichst viel aus dem Leben herauszuholen. Mehr gute Angebote für die Kinder (Sport *und* Musik), mehr gute Angebote für die Erwachsenen (Theater-Abo, Sportverein, Volkshochschule). Es ist schwer, Möglichkeiten nicht zu nutzen, wenn sie sich bieten. Und sie bieten sich rund um die Uhr. Es gut sein zu lassen, ist durchaus anspruchsvoll, wenn es immer noch besser geht. In Bullerbü kein Problem.

Schule

Die Schule ist ein Kapitel, das ein eigenes Buch verdient hätte, weil es so komplex ist. Und zum Glück ringen heute ja auch viele darum, wie eine gute Schule aussehen könnte, in der sich Kinder und Lehrkräfte gleichermaßen wohlfühlen und die unserer Gesellschaft dient.

Andererseits ist die Schule ein klarer Spiegel unserer Zeit und an wenigen Orten zeigt sich der Bullerbü-Komplex so deutlich. Deshalb lohnen sich ein paar Sätze, auch auf die Gefahr hin, dass sie stark vereinfacht sind.

Bullerbü und seine Umgebung haben eine Ein-Klassen-Schule. Die Kinder von Bullerbü machen sich täglich zu Fuß auf den Weg über Wiesen und Felder zum Unterricht, der von einer liebevollen, fröhlichen jungen Lehrerin gehalten wird, die im selben Gebäude wohnt. Lesen, Schreiben, Rechnen und Naturkunde, Singen und gute Laune.

Der Lehrplan ist einfach, die Kinder angemessen motiviert. Wir lesen nichts von aussichtslosen Elterngesprächen wegen verhaltensauffälliger Kinder, die einen normalen Unterricht unmöglich machen. Nichts von Förderplänen und differenzierter Pädagogik, nichts von übermüdeten Computerspiel-Kindern, die noch nie ein Buch gelesen haben, von langzeiterkranktem Lehrpersonal und Stundenausfall, der nur mithilfe von Filmen verhindert werden kann. Wir lesen nichts von Kindern, die nicht zur Schule gehen, weil sie Angst haben, und nichts von Lehrerinnen und Lehrern, denen es genauso geht.

Natürlich ist auch das ein grober Kontrast, der so nicht stimmt. Dank an alle, die Tag für Tag guten Unterricht machen und unsere Kinder Gutes lehren, fachlich und vor allem im Miteinander. Dennoch klagen viele Lehrer, dass sie den Erwartungen der Gesellschaft ausgesetzt sind, die sie nicht erfüllen können, weil sie völlig widersprüchlich sind: Lehrer sollen Sozialpädagogen und Psychologen sein, die sich professionell und einfühlsam auf die seelischen Schieflagen eines jeden Kindes einstellen können und mithelfen, einen heilen Menschen zu formen. Im Einklang mit sich selbst und der Natur. Natürlich bei 25 Kindern gleichzeitig. Schule als tägliche Gruppentherapie. Zugleich sollen sie die Kinder optimal auf eine steile Karriere vorbereiten: hohe Leistung, digitale und soziale Kompetenz, international konkurrenzfähig. Hochbegabtengerecht, fordern und fördern. Schule als Kaderschmiede. Das Ganze aber bitte im Einklang mit den vielfachen Freizeitaktivitäten, die voll berufstätige Eltern auch gern in der Schule ansiedeln würden.

Hier zeigt sich, wie unvereinbar die Erwartungen sind, mit denen viele Eltern sich selbst und ihre Kinder belasten. Alles soll optimal laufen, persönlich und fachlich. Das Bild der einzügigen Dorfschule zaubert vielen Stadt-Eltern ein seliges Lächeln aufs Gesicht. Sie sehen ihre Kinder im Schulgarten beim Kartoffelpflanzen spielend rechnen lernen – die Realität der Dorfschule ist jedoch eine ganz andere. Weniger ist dann eben doch nicht genug. Entspannung und Gelassenheit (»Man braucht heute wichtige Soft Skills!«) stehen dabei oft im Gegensatz zu Fleiß und Leistung (»Von nichts kommt nichts!«), das wird gern übersehen. Der Druck, alles gleichzeitig richtig zu machen, landet bei der Schule, die Schule gibt ihn weiter an die Kinder, die überfordert zu Hause ankommen, was wiederum die Eltern veranlasst, den Druck auf die Schule zu erhöhen, denn da läuft ja anscheinend irgendetwas nicht gut genug.

Schulwahl

Meine Frau und ich haben uns gern ein bisschen lustig gemacht über unsere Freunde, die bei der Wahl der weiterführenden Schule für ihre Kinder so gewirkt haben, als ginge es um Leben und Tod. Endlose Diskussionen, Besuche bei Schulvorstellungen, Gesprächstermine mit der Lehrerin. Alles albern. In Deutschland dürften doch eigentlich alle Schulen gut genug sein, oder? Bis dann unser erstes Kind auf die weiterführende Schule sollte. Da fühlte es sich plötzlich so an, als läge die gesamte Zukunft unseres Kindes in dieser einen Entscheidung. Wir haben uns erst mal einen Termin bei der Lehrerin geholt …

Wie gesagt, die Schule ist zu komplex für einen kurzen Abschnitt wie diesen. Aber gerade weil der Kontrast zwischen realistischen Erwartungen, Wunschträumen und Realität in der Schule so groß ist und der Druck so immens, lohnt sich dieser kurze Blick auf ein Paradebeispiel der Schieflage eines Hoffnungsbildes: In Bullerbü lernen die Kinder beim Spielen in der Natur genauso wie in der Schule, alles ist leicht und frei. Und der Lehrerin geht es auch gut.

Extremismus und Bullerbü: ein trauriges Kapitel

Es muss erwähnt werden: Manchmal sind die Grenzen zwischen dem Wunsch nach einer heilen Welt und dem Wunsch nach Heil durch Recht und Ordnung fließend. Menschen mit rechter, ausländerfeindlicher, antisemitischer Gesinnung reden ja nicht ausschließlich rechtsextrem. Sie sitzen auch im Elternbeirat oder sind Fußballtrainer.[18] Oft sind sie Freunde der einfachen Erklärungen und Verfechter von Ordnung und Übersicht. Und nicht selten von naturnahem Leben, ehrlicher Arbeit und traditioneller Kultur. Sie lesen die Bullerbü-Geschichten gern, weil die Welt dort in Ordnung ist, auch ethnisch.

Kein Zufall also, dass sich 2019 in Vimmerby, Astrid Lindgrens Geburtsort, der Vorsitzende der rechtspopulistischen Partei Alternative für Schweden, Gustav Kasselstrand, zu Wort meldete: *»Ich verteidige Schweden, das schwedische Volk, und ich stehe dazu, dass ich Bullerbü zurückhaben möchte.«* Michel aus Lönneberga ziehe er dem Flüchtlingskind Sinan aus Afghanistan vor.[19] Astrid Lindgrens Familie wehrte sich gegen diese gedankliche Verbindung von rechter Politik und den Bullerbü-Bildern, denn Astrid Lindgren habe sich zeit ihres Lebens gegen Diskriminierung stark gemacht.

Auch in Deutschland wurde das Bild von Bullerbüs heiler Welt auf diese Weise missbraucht. In diesem Buch geht es aber nicht in erster Linie darum, wie sich diese Bilder politisch auswirken. Die meisten Menschen leben ihre Sehnsüchte nach einem einfachen Leben zum Glück nicht auf rechtspopulistische Weise aus. Schädliche Wirkungen kann es aber dennoch geben, wenn diese Sehnsüchte zu viel Macht bekommen, rechts, links und in der Mitte des politischen Spektrums.

Zusammengefasst

Unsere Welt ist kompliziert. Eine heile Familie, eine gute Arbeit und ein gesundes Leben erscheinen unerreichbare Ziele zu sein. Diese Ziele rücken ein Stückchen weiter aus unserer Reichweite mit jeder neuen Information, die sie uns eigentlich näherbringen soll. Auf dem Nährboden dieser Überforderung wächst die Sehnsucht nach Einfachheit.

DER BULLERBÜ-KOMPLEX

Die vergangenen Kapitel haben den Kontrast zwischen den Idealbildern und der Wirklichkeit deutlich gemacht. Die heile Welt von Bullerbü ist in nahezu allen Aspekten grundverschieden von der Welt, in der wir und unsere Kinder heute leben. Vielleicht haben manche von Ihnen von so viel kritischem Betrachten unserer Familienrealitäten regelrecht schlechte Laune bekommen. Doch keine Sorge. Auch wenn wir uns nun zunächst dem »Bullerbü-Komplex« zuwenden, versichere ich Ihnen: Im zweiten Teil des Buches dürfen Sie aufatmen, denn da werden wir es gut sein lassen.

Der Bullerbü-Komplex ist der krampfhafte Versuch, gegen alle Widerstände der Wirklichkeit eine heile Welt herzustellen. Unseren Kindern eine Kindheit zu bescheren, wie Lasse, Bosse und Ole, Lisa, Inga und Britta sie hatten. Und die beständige Überforderung zu erleben, wenn das nicht gelingt. Manches, was im ersten Teil schon erwähnt wurde, wird hier noch einmal zugespitzt.

Der Bullerbü-Komplex betrifft Eltern in ihrer jeweiligen Rolle, Paare im Miteinander und die Vorstellungen von dem, was gut für die Kinder ist. Er betrifft Menschen in der Spannung zwischen Arbeit und Familie. Und er betrifft deshalb auch Eltern im Beirat von Kindergarten und Schule, Lehrerinnen im Gespräch mit Schulleitung und Bildungspolitik, Psychologen im Gespräch mit ihren Klienten oder mit dem Jugendamt, Pastorinnen auf der Kanzel oder zu Hause. Der Bullerbü-Komplex ist das Phänomen einer Gesellschaft, zumindest eines Teils.

Lieber Elia,

ich bin ein bisschen neidisch auf Dich. Und gleichzeitig auch wieder überhaupt nicht. Ich bin neidisch auf diesen einen Moment am Berg Horeb, als Du Gott erlebt hast – und zwar in einem »sanften Säuseln«, wie es in manchen Übersetzungen der Geschichte heißt. Die Wirklichkeit muss viel unfassbarer gewesen sein, als diese Worte es ausdrücken können. Direkt übersetzt heißt es so etwas wie »die Stimme eines feinen Schweigens« oder »die Spur klangvoller Stille«. Ich stelle mir das vor wie die Stille nach dem Schlussakkord eines großen Konzertes, bevor der Applaus kommt, oder wie ein Moment des Schweigens in einem wichtigen Gespräch, wenn zwei sich plötzlich wirklich verstehen. Und doch noch ganz anders, herrlich still und unerträglich heilig zugleich. In so einem Moment hast Du Gott gefunden – oder vielmehr er Dich. Denn Du hattest ihn Dir ganz anders vorgestellt. Was Du erlebt hast, hat aufgeräumt mit Deinem inneren Bild von Gott und von Dir selbst. Und darum beneide ich Dich. Aber ich beneide Dich überhaupt nicht um den Weg dorthin. Was hast Du gekämpft! Und gelitten!
Du warst allein und hast gestritten für die gute Sache, wurdest verspottet und hast verspottet, hast triumphiert und getötet – das kann nicht gut sein für eine Seele, selbst wenn es eine Prophetenseele ist.
Und dann warst Du fertig mit der Welt. Es war alles

zu viel. Kein Sinn mehr. Sterben wolltest Du lieber als Dich noch einmal aufzuraffen und einen sinnlosen Kampf weiterkämpfen, zurück in das heilige Hamsterrad. »Depression«, »Burn-out« nennen das heute manche. Darum beneide ich Dich nicht.

»Lass es gut sein!« – vielleicht ist es das, was Du gehört hast in der Stille, nachdem all das Brausen und Beben, all Dein Kämpfen und Eifern vorbei waren.

Du hast es gut gemeint, aber es ist nicht gut gegangen. Du hast zu viel gewollt und zu viel von Dir erwartet. Deshalb warst Du nie fertig, konntest nie ausruhen. Deshalb bist Du zu weit gegangen. Lass es gut sein. Das heißt nicht »Gib auf«. Es heißt eher »Tu Deinen Teil und vertraue darauf, dass andere ihren Teil tun. Und vor allem, dass Gott seinen Teil schon längst getan hat.«

Unsere Welt ist oft wie Dein Leben als eifriger Prophet – voller Anstrengungen und Kämpfe, kurz vor dem Zusammenbruch, mit Brandherden an allen Ecken, die es zu löschen gilt. Alles für eine gute Sache und doch oft wie ein Kampf, den niemand gewinnen kann. Unsere Welt braucht Augenblicke des Innehaltens, die Stimme eines feinen Schweigens.

In der großen Politik und in der kleinen Familie brauchen wir Erfahrungen wie Deine.

Stille Grüße,
Lars

Versuch bloß nicht, eine gute Mutter zu sein – schon gar nicht als Vater

In der Psychotherapie impft man verzweifelte Mütter mit einem klassischen Gedanken: »*Es geht nicht darum, eine gute Mutter zu sein. Es geht darum, gut genug zu sein.*«[20] Dieser Gedanke stammt von dem englischen Kinderarzt und Psychoanalytiker Donald Winnicott (1896–1971). So zu denken war schon damals heilsam. Heute gilt das umso mehr. Und es gilt natürlich auch für die Väter – spätestens seit sich herumgesprochen hat, dass sie zu mehr taugen als zur Verkörperung von Disziplin und Stärke.

Hand aufs Herz

- Was würden Sie sagen:
- Sind Sie eine gute Mutter? Sind Sie ein guter Vater?
- Woran machen Sie Ihre Antwort fest?
- Welche Kriterien legen Sie dafür zugrunde?

Mit den Möglichkeiten des Lebens wachsen auch die Erwartungen an Mütter und Väter. Und mit den Erwartungen wächst die Unsicherheit. Warum sonst boomt der Markt der Selbstfindungs- und Erziehungsratgeber und Elternkurse? Moderne Mütter und Väter sind zunächst einmal eins: überfordert. Eingeklemmt in der Gegenwart zwischen Vergangenheit und Zukunft.

Die Zukunft der Kinder fordert von den Eltern, schon heute Vorbilder zu sein. Sie sollen Gleichberechtigung vorleben. Sie sollen ganz gelassen mit so komplizierten Fragen wie Geschlecht und Kultur umgehen. Sie sollen kreative Beiträge zur Entwicklung der Kinder leisten (»Erziehungsmethoden« sind altmodisch). Sie sollen sich auskennen in Entwicklungspsychologie und Ernährungswissenschaften. Sie sollen absolut aufmerksam sein für die körperlich-seelischen Signale der Kinder. Und zugleich sollen sie einen ganz eigenen, erfolgreichen, vorzeigbaren Weg gehen, sollen körperlich schlank und geistig hungrig bleiben, denn gute Eltern sind auch ohne ihre Kinder vollwertige Menschen, die jederzeit etwas Originelles zu berichten haben. Bitte nicht nur Kindergeschichten. Ganz schön viele »sollen«.

Die Vergangenheit hingegen zwängt Väter und Mütter in einen festen Rahmen, in dem sie einem sepiafarbenen Bild entsprechen sollen: Die Mutter der Kinder führt mit warmer, fester Hand die Geschicke im Haus. Sie ist Schneiderin, Gärtnerin und Köchin. Sie ist Trösterin und sicherer Hafen. Ihr emotionales Spektrum reicht von Dankbarkeit bis Genügsamkeit. Der Mann hält Haus und Hof instand. Er beherrscht die Natur mit den sicheren Griffen des traditionellen Handwerks, ist Zimmermann und Farmer. Ein ganzer Kerl, den gelehrigen Kindern ein wortkarges Vorbild und Anleiter mit Augenmaß. Bullerbü-Bilder!

Die Erwartungen der Zukunft und der Vergangenheit lassen sich unmöglich erfüllen. Schon jedes Bild für sich ist eine Überforderung, zusammen sind sie eine Katastrophe. Natürlich versuchen heutige Eltern es trotzdem und ringen bei der Jagd nach diesen Bildern keuchend nach Atem. Da wird für das Mitbringbüfett im Kindergarten noch spät abends ein Kuchen gebacken und verziert, der Dip zu den Gurkensticks natürlich nicht gekauft, sondern selbst gemacht (»Das Rezept musst du mir unbedingt geben« – »Steht in der neuen ›Landlust‹!«). Die zuweilen grotesken Konsequenzen sind Väter, die am Wochenende mit ihrer Tochter an Schmiede-Kursen teilnehmen, obwohl weder Vater noch Tochter wirklich Lust oder Bezug dazu haben. Oder Mütter, die ihrem Kinde eine von Pinterest inspirierte Bullerbü-Wollwalk-Hose[21] selbst nähen, und zwar nicht unbedingt, weil sie gern nähen, sondern weil sie glauben, dass es die Familie ein wenig heiler macht. Und so sitzen sie, nachdem sie vom Body-Workout-Kurs völlig erschöpft nach Hause gekommen sind (Schlank ist schön!) und eigentlich nur noch entspannen wollen, an ihrer Nähmaschine. Der Sohn findet die Hosen von der Stange eigentlich besser.

Mütter wie Väter versuchen, zwei Menschen gleichzeitig zu sein, Vergangenheit und Zukunft in einem. Dabei fehlt für beide Varianten ein realistisches Vorbild: Die Frau und den Mann von morgen gibt es noch nicht, die Bullerbü-Eltern sind und waren auch in der Vergangenheit Traumbilder. Und für die Kombi-Variante des modernen Bullerbü-Erwachsenen fehlt erst recht jeder Bezugspunkt. Scheitern ist vorprogrammiert. Bullerbü-Komplex in voller Blüte.

Es ist dieses dauernd erlebte und ständig drohende Scheitern an den eigenen Erwartungen, das das Grundgefühl vieler Eltern ausmacht und die Ratgeberliteratur boomen lässt. Und es ist einer der Hauptgründe für die langen

Wartelisten von Kinder- und Jugendpsychologiepraxen. Jedenfalls indirekt. Denn was Kinder und Jugendliche vor allem brauchen, sind sichere Eltern. Männer und Frauen, die sich ihrer Rolle und ihrer Grenzen bewusst sind. Menschen, die es gut sein lassen können.

Pärchen wie im Märchen

Vielen, die heute heiraten, ist die Ironie ihrer eigenen Inszenierung gar nicht bewusst: Sie feiern den »schönsten Tag ihres Lebens« und erklären damit alle kommenden Tage für weniger schön. Nach der Hochzeit geht es demnach abwärts?

Es ist natürlich genau andersherum gemeint. Bei der Hochzeit soll alles sein wie im Märchen: Die Frau verkleidet sich als Prinzessin, gern mit langem weißem Kleid und Diadem im Haar. Außerdem gibt es Brautjungfern, die die Schleppe tragen. Der Bräutigam sieht seine Braut vor dem Altar zum ersten Mal in diesem Schmuck, und alles ist darauf ausgelegt, dass er in diesem Moment denkt: »Sie ist die schönste Frau auf der ganzen Welt.« Andere Gedanken sind eigentlich nicht vorgesehen. Sie küssen sich, es regnet Rosen, und vielleicht fahren sie sogar noch in einer Kutsche davon. Die vielen Märchenmotive, die es bei Hochzeiten gibt, lassen genau einen Weg in die Zukunft zu: »Und sie lebten glücklich und zufrieden bis ans Ende ihrer Tage.«

Genau an dieser Stelle enden auch Hollywood-Romanzen und lassen Frauen und Männer von heute mit einem Bild von Liebe zurück, das nur in Überforderung und Enttäuschung enden kann. Mehr als ein Drittel aller Ehen scheitert. Das passiert meistens nicht, weil die Eheleute nicht zusammenpassen, sondern weil die Erwartungen überhöht sind.

Über die Hälfte aller Ehen scheitert nicht. Viele Paare leben zufrieden miteinander, gestalten unterschiedliche Lebensphasen, meistern Herausforderungen. Sie erleben, dass ihre Liebe sich verändert, wächst und sich vertieft. Meist gelingt das deshalb, weil beide Partner gelernt haben, die Eigenheiten des anderen ebenso freundlich anzunehmen wie die eigenen – es an vielen Stellen im Leben gut sein zu lassen. Wenn Sie zu diesen Menschen gehören: Weiter so! Sie können aber noch mehr tun: Reden Sie offensiv von den Dingen, die gut genug sind, die Sie gut sein lassen. Das kann andere Paare entlasten, die sich schnell unter Druck gesetzt fühlen von den Erwartungen einer Hochglanz-Gesellschaft, die unter einem Bullerbü-Komplex leidet.

Die Bullerbü-Ehen werden in den Büchern zwar kaum beschrieben, es sind ja Kinder-Welten. Dennoch passen sie gut ins Bild: Die Ehen der Eltern in Bullerbü laufen komplikationslos nebenher und bilden den Hintergrund für das große Familienglück.

Das ist der Ehe-Teil des Bullerbü-Komplexes. Die Partnerschaft soll eine Quelle des Glücks sein. Und zwar in alle Richtungen. Der Mann soll die Frau glücklich machen und umgekehrt – das heißt, beide haben die Aufgabe, dem Gegenüber Glück zu bescheren und dabei selbst glücklich zu sein – und gemeinsam als Paar sollen sie die Kinder glücklich machen. Unglück oder auch nur die zeitweise Abwesenheit von Glück sind nicht eingeplant.

An diesen Erwartungen lässt sich vortrefflich scheitern. Wer schon einmal eine schwere Zeit gehabt hat, weiß, wie fern das Glück manchmal sein kann. Eine leichte depressive Verstimmung, ohne besonderen Grund vielleicht, oder Konflikte bei der Arbeit, körperliche Unpässlichkeiten oder seelische Zipperlein – es gibt viele Gründe für schlechte Stimmungen. Und sie sind für die meisten Menschen gar nicht so selten. Aber in solchen Zeiten ist beides erstaunlich schwer: jemand anderen glücklich zu machen und sich selbst glücklich machen zu lassen. Da reicht es schon, wenn es einem von beiden schlecht geht, denn dann fühlen sich trotzdem gleich beide doppelt unzureichend. Vom leidenden Partner kommen, ausgesprochen oder unausgesprochen, lauter komplizierte Botschaften:

- »Ich schaffe es nicht, dich glücklich zu machen, weil es mir schlecht geht.«
- »Du schaffst es nicht, mich glücklich zu machen, obwohl es doch deine Aufgabe wäre.«
- »Du schaffst es nicht, glücklich zu bleiben, weil es mir ja schlecht geht – und sollte es dir doch gelingen, ist auch irgendwas falsch: Wie kann es dir denn gut gehen, obwohl es mir doch schlecht geht?«
- »Und ich in meinem Unglück, bin ohnehin die Quelle allen Übels, denn schließlich habe ich in der Ehe glücklich zu sein.«

Es kann schon erstaunlich kompliziert werden, wenn *eine* Person gegen das Glücksgebot der Ehe verstößt und damit Bullerbü verhindert. Wenn aber beide schlecht drauf sind, ist die Überforderung kaum noch zu ertragen. Dann multiplizieren sich die eigenen Schuldgefühle und das Leiden an der Hilflosigkeit des anderen zu einem Knäuel aus Vorwürfen und Enttäuschungen. Und wenn zu allem Unglück noch die Kinder nicht so unbeschwert sind, wie sie sollen, scheint das Scheitern vollkommen.

Diese Schilderung ist natürlich wieder übertrieben. Die meisten Menschen ertragen Phasen von Anstrengung und Umstellung, viele Paare bringen viel Geduld auf bei Krankheiten, Umzug oder sonstigen Krisenzeiten. Der Kern aber stimmt und ist besorgniserregend: Viele Paare erleben diese schweren Zeiten als Abweichung von dem, was eigentlich sein sollte, und sind sich des Unterschiedes zwischen dem Bullerbü-Bild ihrer Ehe und der Wirklichkeit sehr schmerzlich bewusst.

Wettstreit

Ich habe in der Paarberatung viele enttäuschte Menschen erlebt. Ein Paar war sogar in einen regelrechten Wettstreit geraten darüber, wer von beiden das schwerere Leben und mehr Grund zur Enttäuschung hatte – und wem es aufgrund der mangelhaften Aufmerksamkeit des anderen schlechter ging. Sie haben die Kurve zum Glück gekriegt ...

Was daraus folgt, sind eine alles durchziehende Unsicherheit und ein ständiges Gefühl von Überforderung. Unsicherheit, weil sich beide ihrer Fähigkeit zur Partnerschaft nicht sicher sind: »Bin ich nicht gut genug für eine Partnerschaft, wenn es immer wieder nicht märchenhaft ist? Oder ist es der andere?« Und Überforderung, weil es beide – zumindest eine Zeit lang – trotzdem versuchen: Müde von Arbeit und/oder Kinderbetreuung halten sie sich aufrecht, bemühen sich darum, interessante und aufmerksame Partner zu bleiben. Sie pflegen ihr eigenes Hobby, so gut es geht, geben dem anderen Zeit für seins, bilden sich weiter, halten sich schlank, planen mit den Kindern besondere Ausflüge und naturnahen Urlaub. Da wird nach einem vollen Job ge(schreber)gärtnert und geimkert, genäht und gebacken, und das alles neben Theater-Abo, Fitnessstudio oder Laufgruppe, Literaturklub oder Ehrenamt in der Kirchengemeinde.

Das alles sind gute Dinge. Kraftquellen sogar und Gründe zur Freude. Aber nur, wenn sie aus einem Überschuss heraus geschehen. Wenn all diese Anstrengungen dazu dienen, die Lücken in einem unvollständigen Glücksbild zu stopfen, bekommen sie einen bitteren Beigeschmack und führen früher oder später in die Erschöpfung.

Etliche (Ehe-)Paare berichten, dass ihnen mit der Zeit die Leichtigkeit verloren gegangen ist. Dass sie nicht mehr so viel zu lachen haben, dass sie aneinander herumkritisieren, dass das Zusammenleben so anstrengend geworden ist. Was viele erleben, ist, dass die Hoffnungsbilder sich nicht erfüllen. Umspült von einer unendlichen Flut von romantischen Hollywood-Beziehungsbildern und Fotomodel-Körpern, fällt es vielen schwer, es gut sein zu lassen.

Ein Komplex für die ganze Familie

Der Bullerbü-Komplex betrifft aber auch die Familien als Ganzes, also das Zusammenspiel von Eltern und Kindern. Nehmen wir zum Beispiel die besonderen Bedürfnisse der kleinen Familienmitglieder: Es hat noch nie so viele hochbegabte Kinder gegeben wie heute, noch nie so viele ADHS-Kinder und Dyslexie-Bescheinigungen. Wir erleben eine Inflation von Entschuldigungs-Diagnosen. Das klingt hart, ist aber deshalb nicht weniger real: Viele Eltern leiden darunter, dass ihre Kinder den hohen Anforderungen der Zukunft nicht gerecht zu werden scheinen, dass sie allerhöchstens durchschnittliche Leistungen bringen, obwohl ein erfolgreicher Berufsweg mehr als das erfordert.

Und nicht wenige Kinder leiden darunter, dass ihre Eltern mit aller Kraft gegen die scheinbar drohende Unzulänglichkeit der Kinder anarbeiten. Denn es ist dieser Erfolg, der einmal das schöne ruhige und gute Leben ermöglichen soll, nach dem sich auch die Eltern so ausstrecken. Da liegt es nahe, zu denken, dass irgendetwas mit dem Kind nicht in Ordnung ist. Zumal es auch andere Erklärungen gibt, die potenziell unangenehm sind – da geht es um ein allgemeines Ungleichgewicht in der Gesellschaft und in Familien, das sich am Verhalten der Kinder zeigt. Da tut es eher gut, eine Erklärung zu haben und vielleicht sogar eine besondere Unterstützung zu bekommen oder ein bisschen weniger Druck. Für Ärztinnen und Therapeuten ist es oft einfacher, Eltern mit einer Erklärung nach Hause zu schicken, die sie erst einmal beruhigt, oder sogar ein Medikament verschreiben zu können. Nicht zu vergessen, dass auch die Behandelnden letztlich Kinder unserer Zeit sind. Diese Überdiagnostizierung ist besonders tragisch für diejenigen der Kinder, auf die eine solche Beschreibung wirklich passt und die Hilfe oder Schonung brauchen, um sich gut zu entwickeln.

Die meisten Kinder sind leider durchschnittlich

Der oft vergessene Grundgedanke ist, dass die allerwenigsten Kinder besonders sind – natürlich besonders bedeutsam in den Augen der Eltern, aber eben nicht besonders klug, besonders dumm oder besonders krank. Das ist ja gerade die Idee von »Durchschnitt«, dass er auf die meisten zutrifft. Es gut sein zu lassen mit dem Durchschnitt ist aber schwer in einer Gesellschaft, die auf die individuelle Besonderheit so viel Wert legt, die besondere Einzelleistungen auszeichnet, die Konkurrenz fördert und Eltern schon vor der Geburt für den individuellen Erfolg des Lebens ihrer Kinder verantwortlich macht.

Eine Gesellschaft, die wie unsere an dem Bullerbü-Komplex leidet, erwartet nicht nur Kinder, die problemlos ein Teil ihrer Welt sind, die frei spielen und lernen können, denen das Leben »spielend« gelingt. Sie erwartet eben auch Kinder, die spielend in einer Welt zurechtkommen, die von Konkurrenzdruck und Hochleistungserwartungen geprägt ist. Durchschnittliche Kinder stehen in unserer Gesellschaft aber in der Gefahr, zu Problemkindern zu werden, weil sie nicht konkurrenzfähig sind.

Kinder brauchen keine Förderung – sie haben es auch so schon schwer genug

Eltern tun alles, um dieser Verantwortung gerecht zu werden und »die besten Voraussetzungen« für ihre Kinder zu schaffen. Diese Dauerförderung streckt sich von 0 bis 18 Jahren: Babyschwimmen, Babygymnastik, Kleinkinder-Yoga, mehrsprachige Hörspiele, musikalische Früherziehung als Vorbereitung auf individuellen Musikunterricht, Sportverein, Reiten, Kunstkurs, Sprachferien, Austauschjahr, dazwischen regelmäßige Entscheidungskrisen durch die Wahl des richtigen Kindergartens (Wald-, Bauernhof-, Musik- oder mehrsprachiger Kindergarten?), der richtigen Grundschule (gibt es ausreichend Förderprogramme? Schulgarten? Theater-AG?), der richtigen weiterführenden Schule (altsprachlich? Musikschwerpunkt? Sportklasse?).

Das Ergebnis sind Kinder, die in einem Dickicht von Terminen überleben müssen. Und von ihren gestressten Eltern von A nach B gefahren – und wieder abgeholt – werden, damit sie es noch rechtzeitig nach C schaffen.

Alltagsgespräch

»Hast Du heute Zeit zu spielen?«
»Nein, ich kann nur mittwochs nach dem Geigenunterricht.«

Dabei geht viel verloren: Kreative Langeweile, freies Spiel, das sich aus begrenzten Möglichkeiten entwickelt, und die Fähigkeit, sich eine freie Zeit selbst einzuteilen. Die Selbstständigkeit vieler Kinder wird weggefördert. Kinder gewöhnen sich daran, in Programmen bedient zu werden, ihre Entwicklung bekommt ständige Aufmerksamkeit. Unausgesprochen schwingen dabei allerdings Botschaften mit, die sehr ungünstige Wirkungen haben können: »Aus dir wird von alleine nichts – du musst gefördert werden.« – »Du weißt nicht von selbst, was gut für dich ist. Und zum Ausprobieren ist keine Zeit.« Wer mit solchen Botschaften aufwächst, muss später erst mal lernen, der eigenen inneren Stimme zu vertrauen.

Außerdem hat diese Haltung einen unschönen Einfluss auf die Familie als Ganzes. Es entsteht schnell eine Atmosphäre von Getriebensein, ein Grundstress, der sich unter anderem in den Gesprächen am Frühstückstisch (»Denk dran, heute musst du noch zur Nachhilfe!«), beim Abendessen (»Hast du schon auf den Plan für morgen geguckt?«) und im Ehebett (»Wir müssen mehr mit ihr lesen, sonst schafft sie das Gymnasium auf Dauer nicht.«) niederschlägt.

Wieder einmal bringt der Bullerbü-Komplex das hervor, was er zu vermeiden versucht. Eine Förderung, die Kindern guttun soll, bewirkt, wenn sie übertrieben wird, dass sich Kinder und Eltern von dem einfachen, guten Leben, nach dem sie sich sehnen, noch weiter entfernen.

Die Bullerbü-Patchwork-Illusion

Ungefähr ein Drittel aller Ehen in Deutschland wird geschieden, viele unverheiratete Eltern trennen sich. Etwa ein Viertel aller Eltern hat Kinder aus anderen Beziehungen. Nur hinter dem Mond kann man noch davon sprechen, dass diese Familienform eine Ausnahme ist. Ebenso unrealistisch ist aber ein anderes Bild, das auch gern gemalt wird, nämlich die Patchworkfamilie als das moderne Bullerbü: Hier sind alte, enge Konventionen aufgelöst, alle leben irgendwie freier zusammen und finden ihren Platz. Das bunte Leben in einem leicht chaotischen, aber immer spannenden und lebendigen Miteinander, in dem die Kinder zu modernen, flexiblen Beziehungskünstlern heranwachsen. Südhof, Nordhof und Mittelhof, nur ohne Zäune. Immer lustig in der Patchworkfamilie. Und überhaupt ist »Bonusfamilie« das bessere Wort. Dieses Bild dient wohl eher dazu, die harte Wirklichkeit vieler dieser Familien etwas weicher zu zeichnen. Natürlich gibt es solche Momente des bunten Lebens und es gibt auch eine Reihe neu zusammengesetzter Familien, die ein sehr gesundes Gleichgewicht erreichen und gute Bedingungen für die Kinder schaffen – allerdings oft erst nach Jahren des Ringens, nach viel Leiden und langen Heilungsprozessen.

Die Wirklichkeit in den meisten Patchworkfamilien ist wohl eher, dass das Leben noch komplizierter ist als das in nicht getrennten Familien: Hier gibt es nicht nur das eine, neue Paar, das immer wieder eine passende Balance von Leidenschaft, Partnerschaft und Freundschaft zu finden hat, sondern immer auch noch die alten Verbindungen, die nicht einfach abgeschnitten werden können. Eine Trennung ist zwar ein einschneidendes Ereignis, aber kein abschneidendes. Sie wirft viele Fragen auf, prägt das Selbstbild und ist oft gegenwärtig in Gedanken und Gefühlen. Ob man will oder nicht, die alte Liebe sitzt in Form von Erinnerungen immer wieder mit am Tisch, liegt mit im Bett, ist mit im Urlaub. Und auch wenn die Entscheidung richtig war, erfordert das Ganze viel Energie. Oft sind es aber nicht nur die Erinnerungen, die Platz brauchen: Gibt es gemeinsame Kinder und ein gemeinsames Sorgerecht, müssen die leiblichen Eltern es irgendwie schaffen, zumindest eine Form von Beziehung in Bezug auf die Kinder zu erhalten und zu pflegen, während die einstige Leidenschaft erloschen ist. Da gilt es Übergaben zu verabreden und Informationen auszutauschen, die die Schule oder die Gesundheit der Kinder betreffen. Wenn es gut läuft, nehmen sich die Eltern Zeit, um über die Entwicklung der Kinder zu sprechen und gemeinsam zu versuchen, den besten Weg für jedes einzelne zu finden – unabhängig von den jeweils eigenen Wünschen und Bedürfnissen. Und wenn es richtig gut läuft, fühlen sich die Eltern nach wie vor verbunden in der Liebe zu den Kindern, gönnen einander und den Kindern von Herzen eine gute Beziehung zum je anderen Elternteil und fördern diese, auch wenn die Liebesbeziehung zwischen den Eltern beendet ist.

Das kann alles gut gehen, aber es verlangt von allen Beteiligten viel. Die Eltern und Stiefeltern müssen sich ihre Rollen teilen und mit alten Verletzungen und neuer Eifersucht umgehen, die Kinder wiederum müssen verstehen, wer eigentlich zu wem gehört. Und das alles mitten in einer oft anspruchsvollen Logistik, die viel zusätzlichen Stress verursachen kann: Wer fährt wen wann wohin, wer verbringt welche Ferien, welches Wochenende wo? Dauernd kommen irgendwelche Bedürfnisse zu kurz. Viele Menschen, die in Patchworkfamilien leben, berichten von Verunsicherung und Isolation.

Der Anspruch an das neue Familiensystem ist aber ein ganz anderer. Die Trennung der alten Familie war mit der Hoffnung verbunden gewesen, dass es danach besser wird. Oder anders gesagt: Wenn Bullerbü im ersten Anlauf nicht funktioniert hat, dann aber bitte unbedingt im zweiten. Dass das ein Versuch unter erschwerten Bedingungen ist, mit noch geringerer Aussicht auf Erfolg, wird gern verdrängt. Denn die Sehnsucht ist groß.

Dazu kommt, dass das Familienleben öffentlich stattfindet. Freunde, Verwandte, Nachbarn sind neugierig und wollen wissen, ob das neue Familienexperiment gut geht. Im besten Fall sind sie wohlwollend und unterstützend, oft sind sie es aber nicht, denn eine Patchworkfamilie kann immer noch als ein Angriff auf das traditionelle Familienmodell empfunden werden, für das sich die eine oder der andere (zum Teil unter hohen Kosten) entschieden hat. Der Arbeitskollege zum Beispiel, der sich gegen den Ausbruch aus seiner wenig glücklichen Ehe entschieden hat, vielleicht aus Gewissensgründen, vielleicht um der Kinder willen, vielleicht aus Angst vor dem Unbekannten oder alles zusammen, dieser Arbeitskollege wird nicht ohne Neid auf den Patchworkfamilien-Kollegen schauen, dem anscheinend (oder scheinbar) ein Neuanfang mit einer neuen Frau in einer neuen Familie gelungen ist. Er wird auf Schwachstellen in der anderen Familie achten, wird vielleicht schlecht über sie sprechen (»Guck mal, jetzt müssen die Kinder schon wieder mit Sack und Pack zur Schule, weil sie von da aus zur Mutter fahren. Dieses Nomadenleben kann auf Dauer nicht gut sein für die Kinder ...«). Solche Botschaften dringen direkt oder indirekt in die andere, neue Familie ein. Nur wenige sind gelassen genug, um sich nicht auf gleiche Art zu wehren, vor allem weil Schuldgefühle nach einer Trennung nicht ungewöhnlich sind und nach Rechtfertigung verlangen. Da fällt dann am Patchworkfamilien-Abendbrottisch vielleicht der Satz: »Bei denen scheint mir alles ganz schön eingefahren, wie bei uns früher, als Papa noch hier gewohnt hat. Na ja, manche bleiben eben in alten Gewohnheiten stecken.« Hier werden klassische und moderne Bullerbü-Bilder manchmal sogar als Waffen benutzt: Schau her, mein Konzept ist besser als deins.

Arbeits-Komplex

Der Bullerbü-Komplex findet aber nicht nur zu Hause statt. Er überträgt sich automatisch in andere Bereiche: Viele arbeiten beruflich mit Familien zusammen – zum Beispiel im Krankenhaus, in der Schule oder bei der Logotherapie. Hier kommen dann die Bullerbü-Erwartungen direkt auf den Tisch und verwandeln sich in Erwartungen an die Diabetes-Krankenschwester, den Lehrer und die Therapeuten, die bitte die Welt wieder heil machen sollen. Der Bullerbü-Komplex wird auch über die Grenzen der Familie hinaus exportiert, weil Fußballvereine, Kirchen, Kultur- und Umweltinitiativen direkt mit dem Leben der Familien zusammenhängen. Und weil sich so der Druck, der sich in Familien aufbaut, in andere Teile der Gesellschaft fortsetzt. Alle Familienaktivitäten, die außer Haus stattfinden, sollen möglichst ein Teil der heilen Welt sein oder zumindest dazu beitragen.

Zudem ist der Bullerbü-Komplex auf zwei weitere Arten zu einem Arbeits-Phänomen geworden: Zum einen, weil Kolleginnen und Kollegen bei der Arbeit über Kinder und Familie sprechen, Standards setzen und vergleichen. Da fallen dann in der Kaffeepause Sätze wie: »Wir hatten es schön am Wochenende. Erst haben wir Streuobstkompott eingekocht und dann war Hausmusik. Luisa ist ja jetzt bei ›Jugend Musiziert‹. – Und was habt ihr so gemacht?« Ein Nährboden des schlechten Gewissens.

Zum anderen, weil im Hinterkopf moderner Arbeitnehmerinnen und Arbeitnehmer auch das Bild der »guten Arbeit« schlummert, die erdverbunden und direkt sinnstiftend ist. Dass sich das mit der Arbeitswirklichkeit der meisten nicht deckt, wurde bereits deutlich.

Zusammengefasst

Der Bullerbü-Komplex ist eine erschreckend normale Reaktion auf die Anforderungen unserer Zeit. In allen Bereichen des Lebens wird es immer unübersichtlicher, da wächst die Sehnsucht nach einem einfachen, guten Leben. Für diese Sehnsucht kämpfen viele bis zum Umfallen – und erleben diesen Kampf als das genaue Gegenteil von dem, was das Ziel sein soll. Dadurch wächst die Sehnsucht, und der Kampf eskaliert – nicht nur in der Erziehung, Partnerschaft und Familie, auch außerhalb. Ein Teufelskreis, den wir unterbrechen können. Das ist nicht nur eine Aufgabe der einzelnen Eltern in der einzelnen Familie. Der Bullerbü-Komplex betrifft die vielen Schnittstellen zwischen Familie und Gesellschaft. An diesen Stellen können Menschen gemeinsam einen Unterschied machen, indem sie mit Selbstbewusstsein andere Bilder kommunizieren und andere Erwartungen verbreiten. Viele Menschen, die es gut sein lassen, können den Bullerbü-Komplex auflösen.

TEIL 2

LASS ES GUT SEIN!

Das Gebirge der Glücksforderungen ist gigantisch. Die Zahl perfekter Hochglanzbilder vom guten Leben ist schier unendlich. Der Druck chronisch überhöhter Erwartungen ist immens. Da braucht es vor allem eines: den Mut, es gut sein zu lassen.

Mut ist nötig, weil es Angst machen kann, mit unerfüllten Erwartungen zu leben. Weil ständig der Vorwurf droht, nicht alles getan zu haben, was möglich ist. Keiner will schuld sein. Es braucht Mut, die mögliche Enttäuschung oder gar Verachtung anderer zu ertragen. Wir strengen uns an, denn das Risiko ist groß, am Ende nicht gut genug gewesen zu sein.

Aber wenn der Abschied von den Glanzbildern gelingt, ist der Lohn größer als das Risiko. Wer es schafft, es gut sein zu lassen, kann ausatmen. Wer es gut sein lässt, gewinnt eine Entspannung, an der Astrid Lindgren ihre wahre Freude gehabt hätte. Gewinnt Freiräume für eigene Entscheidungen, Zeit für Dinge, die wichtiger sind als all das, was so dringend daherkommt. »Es gut sein lassen« heißt genauer gesagt: beschließen, dass etwas gut genug ist.

Nicht zu vergessen

Es gibt auch Grenzen! Vernachlässigte Kinder, unverantwortliche Zustände in Familien und Einrichtungen, gefährdetes Kindeswohl – all diese Dinge darf man nicht gut sein lassen!

Es geht um eine mutige, klare Absage an den Optimierungswahn. Dieser Wahn ist im reichen Westen der Welt so verbreitet, dass wir ihn kaum noch wahrnehmen. Er durchzieht unsere Gesellschaft an vielen Stellen und vergiftet Beziehungen. Beziehungen zu sich selbst und zu anderen.

Wie aber sieht dann »gut genug« aus? Vier zentrale Themen brauchen ein gutes Maß und eine Handvoll guter Argumente: Erziehung, Partnerschaft, Familie und Arbeit.

ERZIEHUNG MIT GUTER BINDUNG: *EIN BISSCHEN LIEBE IST MEHR, ALS DU DENKST!*

Die Bindungstheorie ist eine Lehre von den frühen Beziehungen eines Kindes und ihren Konsequenzen für das weitere Leben. Und sie ist großartig. Die Theorie ist bald 100 Jahre alt, war zunächst sehr umstritten, später mehr und mehr bestätigt. Gerade in den letzten Jahren hat sie, mit neuen Methoden der Hirnforschung, wieder viel Aufmerksamkeit geweckt. Sie erklärt auf griffige Weise, wie frühe Beziehungen, Lernen und Gehirnentwicklung zusammenhängen und welche Auswirkungen das auf soziales Erleben und Verhalten im späteren Leben haben kann. Kurzgefasst: Kinder brauchen für eine gesunde Entwicklung einen sicheren Hafen.

Das heißt in der Hauptsache Folgendes: Kinder brauchen einen sicheren Zufluchtshafen, und ein Basislager, um die Welt zu entdecken.

Dieser Hafen ist zuallererst die gesunde Beziehung zu den Eltern (oder anderen verlässlichen Bezugspersonen), die ihre Rolle ausfüllen. Eltern also, die das Kind beschützen und trösten, es wohlwollend empfangen und ihm helfen, die Gefühle zu ordnen, eben Eltern, die ein Zufluchtshafen sind. Und es braucht Eltern, die auf das Kind aufpassen, wenn es auf Entdeckungsreise geht, die ihm helfen und sich über die kindliche Entwicklung freuen, Eltern also, die ein Basislager sind. Die Bindungstheorie unterscheidet diese beiden elterlichen Funktionen aus der Perspektive des Kindes: Es braucht einen Bezugspunkt, wenn es von einer Entdeckungsreise zurückkommt (für ein Krabbelkind kann das schon eine »Reise« von ein paar Metern sein), und es braucht einen Bezugspunkt, von dem aus es sich auf die Reise macht. Für das Kind sind das zwei unterschiedliche Bewegungen. Für die Eltern steht hauptsächlich *eine* Haltung dahinter – die der offenen Arme. Offene Arme, die ein Kind herzlich empfangen und mit Rückenwind in die Welt lassen.[22]

Wo es diesen Bezugspunkt gar nicht gibt, steigt die Gefahr für psychische Störungen. Wo ein Kind das Gegenteil erlebt, also Bedrohung statt Sicherheit, Entmutigung statt Unterstützung, da entstehen seelische Schäden.

Dr. Ingo Spitczok von Brisinski vom Berufsverband für Kinder- und Jugendpsychiatrie, Psychotherapie und Psychosomatik (BKJPP) formuliert es so:

»Nehmen sich Eltern keine Zeit für ihr Kind, vernachlässigen sie es und bringen ihm zu wenig Liebe und Geborgenheit entgegen, kann sich das sehr belastend auf die weitere Entwicklung der Kinder auswirken. Insbesondere in den ersten Lebensjahren spielt eine unzureichende Betreuung eine entscheidende Rolle für das Auftreten von Bindungsstörungen.«[23]

Kindliche Traumata können mit der Sprache der Bindungstheorie hervorragend beschrieben werden und wichtige Ansätze der Traumatherapie stützen sich auf die Erkenntnisse der Bindungstheorie. Aber genau hier liegt im Alltagserleben vieler Eltern die Gefahr. Da schwingt unterschwellig die Angst mit, dass sie zu wenig Zeit mit dem Kind verbringen und es aufgrund dessen psychisch krank wird. Aber wo verläuft die Grenze?

Die Forderungen der Bindungstheorie sind berechtigt und die verwendeten Formulierungen klar und einleuchtend. Bilder wie »der sichere Hafen« und »das Basislager« sind allgemeinverständlich. Kein Wunder, dass sie es über Ratgeber, Lehrerzimmer und Gartenzäune in die Alltagssprache geschafft haben. Wir reden von »sicherer Bindung in der Erziehung« – und das ist gut so! Allerdings gehen hier die wissenschaftlichen Feinheiten der Theorie verloren und das Gegenteil der sicheren Bindung, eine psychopathologische Bindungsstörung, erscheint als einzige Alternative zu einer optimalen, sicheren Bindung. Ein Beispiel für »Krankheitssprache« aus einem (sehr guten) Fachartikel ist zum Beispiel folgender Satz: *»Ein Säugling, der sich sicher und geborgen fühlt, kann zum Beispiel von* *der Mutter als ›sicherem Hafen‹ aus seine Umwelt erforschen.«* Das ist alltagstaugliche Sprache. Ein paar Zeilen weiter jedoch steht der Satz:

> ***»Bindungsstörungen lassen oftmals wegen der extremen Verzerrungen im Verhaltensausdruck die verborgenen Bindungsbedürfnisse der Kinder nicht mehr erkennen und können sich im schlimmsten Fall zu überdauernden psychopathologischen Mustern einer Persönlichkeitsstörung verfestigen.«***[24]

Das ist richtig, beschreibt aber eben nichts Alltägliches! Eltern, die so etwas lesen oder hören, leben mit der ständigen Sorge, ihr Kind könnte bleibende psychische Schäden davontragen, wenn sie einmal zu viel unaufmerksam oder schlecht gelaunt sind. Oder wie im Kapitel über den Bullerbü-Komplex beschrieben: Wer einmal zu viel aus dem Bullerbü-Rahmen fällt, versaut seinem Kind jegliche Zukunft.

Das stimmt natürlich so nicht. Und wer so denkt, versteht hier auch die Bindungstheorie falsch. Alle Kinder brauchen Zuwendung und Ermunterung. Aber es ist nicht der Mangel an Zuwendung, der Kinder krank macht. Es ist der *absolute* Mangel. Oder das Gegenteil von Zuwendung, die ständige Abwendung vom Kind, oder Missbrauch der Beziehung, Gewalt und Erniedrigung. Einmalige oder wiederholte Missbrauchserlebnisse, extreme seelische oder körperliche Vernachlässigung sind es, die eine Bindungsstörung und psychisches Leiden bis ins Erwachsenenalter verursachen können. Was alle Eltern erleben, sind gelegentliche Ausnahmen von einer normalen Eltern-Kind-Beziehung. Die sind aber völlig harmlos. Jede Mutter mault mal ihr Kind an, wenn sie Kopfschmerzen hat. Jeder Vater starrt mal geistesabwesend auf das Handy, während das Kind danebensteht und ein Bedürfnis hat. Jedes Kind erlebt mal Ungerechtigkeit in der Familie, abwesende oder gestresste Eltern. Das ist völlig normal. Sogar größere Einschnitte in das normale Leben wie ein Umzug, eine neue Schule, ein schmerzlicher Verlust oder eine längere Krankheit sind relativ harmlos, solange ansonsten die Beziehungen einigermaßen verlässlich sind. Nicht jeder Schmerz ist ein Trauma. Die meisten menschlichen Seelen sind einigermaßen robust.

Wann ist der Hafen sicher genug?

Eltern, die den Mut haben, es gut sein zu lassen, wissen, dass es völlig ausreichend ist, sich für das eigene Kind zu interessieren und es – grundsätzlich – lieb zu haben. In jedem noch so sicheren Hafen gibt es mal Sturm und Regen. Gesunde Kinder können es hervorragend lernen, die Launen und Eigenarten ihrer Eltern einzuschätzen und mit ihren Begrenzungen zu leben.

Die Experten der Bindungstheorie unterstreichen das in ihren Lehrbüchern: Es kommt nicht auf die Quantität, sondern auf die Qualität der Beziehung zwischen Eltern und Kind an.[25] Unsere Bullerbü-Bilder aber fordern Feinfühligkeit von morgens bis abends, aufmerksame, stabile Liebe in jedem Moment. In »Das entschwundene Land«, den Kindheitserinnerungen von Astrid Lindgren, schildert sie die Beziehung zu ihren Eltern mit folgenden Worten:

Zweierlei hatten wir, das unsere Kindheit zu dem gemacht hat, was sie gewesen ist – Geborgenheit und Freiheit. Wir fühlten uns geborgen bei diesen Eltern, die einander so zugetan waren und stets Zeit für uns hatten, wenn wir sie brauchten, uns im Übrigen aber frei und unbeschwert auf dem wunderbaren Spielplatz, den wir in dem Näs unserer Kindheit besaßen, herumtollen ließen.[26]

Ob die Erfinderin von Bullerbü selbst ihre Kindheit vergoldet? War es wirklich immer lustig in Vimmerby?

An diesen Erwartungen kann man nur scheitern. Und noch mehr als das: Sie nehmen Müttern und Vätern auch noch dieses Minimum an Gelassenheit und Selbstsicherheit, die es für eine gute Erziehung braucht. Wenn Kinder in den Augen der Eltern den ständigen Selbstzweifel sehen, nicht gut genug zu sein, hat das eine ansteckende Wirkung – am Ende glauben es alle.

Wenn Sie es gut sein lassen und die Bindungstheorie richtig verstehen, können Sie sich sicher sein: Wenn Sie Ihr Kind lieben, ist das eine sehr solide Basis für eine gute Entwicklung. Wenn Sie Ihrem Kind das immer wieder zeigen und sagen, wiegt das Ihre Unvollkommenheiten mehr als auf. Verlassen Sie sich auf die Kraft der Liebe und auf die Robustheit Ihrer Kinder, die diese Liebe suchen, in sich aufnehmen und wie einen Schatz hüten, der sie ja auch ist. Es muss nicht der beständige Strom ungebrochener Aufmerksamkeit und bedingungsloser, fleckenfreier Liebe sein. Liebe, die immer mal wieder und ein bisschen zerknittert daherkommt, tut es auch.

Niemand hat einen perfekten Vater, eine perfekte Mutter. Und es wäre übrigens auch gar nicht gut! Erst dort, wo die Eltern nicht mehr können, lernen die Kinder, eigene Initiative aufzubauen. Es sind die unangenehmen Eigenarten der Eltern, die Kindern helfen, sich abzugrenzen und eine ganz eigene Persönlichkeit und eigene Vorstellungen vom Leben zu entwickeln. Solange ein Kind erlebt, dass es grundsätzlich angenommen ist, Raum zum Leben hat, normalerweise Unterstützung und Verständnis erwarten kann, steht einer gesunden Entwicklung nichts im Wege. Regelmäßige Ausnahmen von dieser Regel sind völlig in Ordnung.

Gut sein lassen

Ich war einmal dabei, als ein Freund von mir seine vier Kinder mit relativ barschen Kommandos ins Auto jagte – sie waren spät dran und eines der Kinder war unwillig und wollte nicht aufbrechen. »Hopp, ab ins Auto, und keine Diskussion!«, herrschte er es an. Als alle Kinder im Auto saßen, seufzte er, lachte, wandte sich zu mir um und sagte: »Nicht alles, was ich tue, muss pädagogisch wertvoll sein. Manchmal ist es schon völlig ausreichend, einigermaßen im Zeitplan zu bleiben.« Diese Szene ist mir als vorbildlich im Gedächtnis geblieben. Das ist ein Vater, der es gut sein lassen kann.

Wie sieht es bei Ihnen aus? Haben Sie einmal in der Woche Zeit und Kraft für ein offenes und freundliches Gespräch mit ihrem 12-jährigen Sohn? Absolut ausreichend! Bringen Sie Ihre 4-jährige Tochter an drei von sieben Tagen mit Geduld und Freude ins Bett und an den anderen Tagen eher ungeduldig und mit letzter Kraft – mehr als genug! Lassen Sie es gut sein! Freuen Sie sich an allem, was darüber hinausgeht. Glauben Sie an die gesunde Entwicklungsfähigkeit Ihrer Kinder und an die Macht der Liebe auch in kleinen Dosen. Auch halbherzige Freundlichkeit und Zärtlichkeit ist mehr als keine. Bullerbü 24/7 ist nicht das Ziel. Landläufige Liebe reicht.

Durchschnittliche Kinder feiern!

Das gilt auch für den Umgang mit schulischen und sonstigen Leistungen. Wer entspannt darauf vertraut, dass seine Kinder sich von alleine gesund entwickeln, kann die Hälfte aller Förderprogramme weglassen, die ohnehin nicht in den Zeitplan passen. Oder sie zumindest an den wirklichen Interessen der Kinder und den Möglichkeiten der Familie orientieren. Jedes Kind kann ein Instrument lernen. Aber nicht jedes muss. Es bleibt auch so genug zu tun: den Umgang mit sozialen und asozialen Medien einigermaßen im Blick behalten, hin und wieder für Bewegung sorgen und für regelmäßige Mahlzeiten und ausreichend Schlaf – das ist schon ein anspruchsvolles Programm. Den Rest können Sie getrost gut sein lassen. Gut sein lassen heißt nicht: Hören Sie bei der Grundversorgung auf. Es heißt: Machen Sie sich damit keinen Stress. Machen Sie, was geht und so lange es Freude macht. Die seelische Gesundheit eines Kindes ist eher in Gefahr, wenn es die ganze Woche durch einen engen Terminkalender gepresst wird, als wenn es eine Fremdsprache zu wenig lernt. Wer auf die gesunde Entwicklung eines Kindes vertraut, gibt ihm genug Freiraum, damit diese Entwicklung auch passieren kann. Wer es gut sein lässt, verschont seine Kinder mit überzogenen Förderprogrammen, damit sie den Anschluss an die Spitze nicht verlieren. Wenn etwas richtig schiefläuft, werden Sie das schon merken. Eine Drei im Zeugnis ist völlig in Ordnung. Eine Vier heißt ausgeschrieben »ausreichend«. Feiern Sie Ihre Kinder ruhig mal, weil sie völlig normal und durchschnittlich sind!

Zusammengefasst

Die Bindungstheorie und die Traumapsychologie sprechen viel über extreme Zustände von Vernachlässigung, Erniedrigung und Gewalt. Kinder mit normalen Eltern erleben das nicht. Sie brauchen auch keine Eltern, die sich bei den alltäglichen pädagogischen Schwächeanfällen wie Schwerverbrecher fühlen. Sie brauchen Eltern, die es gut sein lassen. Auch in der Schule und im Freizeitprogramm.

DER ZAUBERTRANK DER LIEBE: *GEMISCHT AUS FREUNDSCHAFT, PARTNERSCHAFT UND LEIDENSCHAFT*

Der Ursprung jeder Familie ist die Beziehung der Eltern. Der Kern der Familie ist die Liebe zwischen ihren Mitgliedern. Wer immer das im konkreten Fall auch sein mag: Klassische Vater-Mutter-Kind-Familien, alleinerziehende Eltern oder Patchworkfamilien, Wohngemeinschaften oder Teilzeit-Eltern mit Arbeitsstellen im Ausland, gleichgeschlechtliche Paare, Adoptivfamilien – Liebe gibt es in vielen Variationen. Jede dieser Variationen braucht die Fähigkeit, es gut sein zu lassen, damit die Liebe bestehen und gedeihen kann.

Die vergangenen Kapitel haben es aber bereits gezeigt: Liebe kann ein empfindliches Gewächs sein, wenn es im Glashaus des Bullerbü-Komplexes gezüchtet wird. Da muss die Liebe täglich freiwillig neu erlebt werden und Glück im Überfluss hervorbringen, Glück, das für ganze Generationen reicht. Ich glaube, dass Liebe ein Stoff ist, der aus drei Elementen besteht. Diese drei Elemente gibt es unabhängig voneinander, man kann sie einzeln betrachten. Wenn man sie aber vermischt, ergibt sich daraus etwas Neues, Größeres, eine geheimnisvolle, mächtige Mixtur. Die tragenden Elemente der Liebe sind *Freundschaft*, *Partnerschaft* und *Leidenschaft*. Damit Liebe gedeihen, bestehen und auch mal außerhalb des Gewächshauses überwintern kann, brauchen die Liebenden vor allem eine gute Portion der Fähigkeit, es gut sein zu lassen.

Der Einfachheit halber will ich hier ein Modell beschreiben, das zwar von der klassischen Kernfamilie ausgeht, in der Vater und Mutter mit ihren leiblichen Kindern zusammenleben, sich aber meist gut auf andere Formen übertragen lässt. Die Mehrzahl der Familien in Europa lebt und strebt nach diesem Modell, in dem die gelebte Liebe eines Paares der Kern der Familie ist.

Die leitende Frage wird nun also sein: Wie kann man es in der Liebe gut sein lassen?

Und bei Ihnen?

Für Sie kann dieses Kapitel eine spannende Untersuchung Ihrer eigenen Liebesbeziehung werden. Fragen Sie sich:

- Wie ist unsere Liebe gemischt?
- Was sind die Stärken unseres persönlichen Zaubertranks?
- Wo liegen die Herausforderungen?

Freundschaft

Freunde verbringen gern Zeit miteinander, interessieren sich für das Leben des anderen, reden miteinander über Schönes und Schweres, unternehmen gemeinsam Dinge.

Viele (Ehe)paare berichten Ähnliches von ihrer Beziehung: »Wir pflegen einen großen Freundeskreis und gemeinsame Interessen, wir haben es gut miteinander.« Die Stärke dieser Ehen ist eine Freundschaft! So ein Leben kann vielfältig und gesund sein. Und ein besonderes Geschenk, wenn sich eine tiefe Freundschaft entwickelt.

Denn Freundschaft ist mehr als ein schöner gemeinsamer Alltag. Wenn Menschen an alte Freunde denken, haben sie oft Leute vor Augen, mit denen sie sich in ihrer jetzigen Lebensphase vielleicht nicht mehr erneut anfreunden würden. Oft waren es die Umstände einer vergangenen Zeit, die Freunde zusammengebracht haben – Sportverein, Studium, Nachbarschaft oder irgendwelche zufälligen Begegnungen. Die Sympathie, gemeinsame erlebte Geschichten, Humor und gute Gespräche bringen Leute zusammen, die zunächst nicht zusammengehören. »Das ist ein netter Mensch! Wir sollten uns wieder treffen!«

Freundinnen

»Freundinnen müsste man sein
Dann könnte man über alles reden
Über jeden geheimen Traum
Freundinnen müsste man sein
Dann könnte man über alles lachen
Viele Sachen zusammen tun.«

Funny van Dannen[27]

Die anfängliche Sympathie wird nach und nach ergänzt durch die Kenntnis der Besonderheiten und auch der Macken des anderen. Man lernt einander besser kennen, geht einander auch mal auf die Nerven und bleibt doch beieinander, begleitet einander durch schöne und schwere Zeiten. Das prägt. Man verändert sich durch das Leben, das man erlebt. Und am Schluss gehören Menschen zusammen, die eigentlich sehr unterschiedlich sind. Die Zeit und Energie, die sie einander geschenkt haben, bringt aber einen so großen Respekt mit sich, eine Achtung des Andersseins, dass die Unterschiede nicht als trennend, sondern als ergänzend erlebt werden.

So entwickelt sich die eigentliche Basis tiefer Freundschaft: Vertrauen. Dieses Vertrauen, dass der andere es grundsätzlich gut mit einem meint, ermöglicht vieles. Freunde können einander ehrliche Rückmeldung geben, Kritik und Anerkennung, mit denen sie etwas anfangen können – ein Grundstoff für persönliche Entwicklung. Sie können Rücksicht aufeinander nehmen, weil sie die Bedürfnisse des anderen kennen, und setzen sich für das Wohl des anderen ein.

Eine Liebe, deren starke Seite die Freundschaft ist, hat einen großen Schatz. Da leben zwei Menschen zusammen, die einander kennen und achten und die einander grundsätzlich wohlgesonnen sind. Da gibt es Vertrauen und Unterstützung, da prägen Gemeinsamkeit und Ergänzung den Alltag. Sind Sie mit Ihrer Liebsten bzw. Ihrem Liebsten befreundet? Herzlichen Glückwunsch!

Wie stark ist die Freundschaft in Ihrer Liebesbeziehung?

Kreuzen Sie an:

- ○ 0–25 Prozent
- ○ 25–50 Prozent
- ○ 50–75 Prozent
- ○ 75–100 Prozent

Egal wie stark die Freundschaft in Ihrer Liebe ist: Genießen Sie sie! Nehmen Sie sich immer mal Zeit, um diese Freundschaft zu pflegen – hören Sie einander zu, unternehmen Sie dann und wann schöne Dinge, geben Sie einander Zeichen der Freundschaft. Aber übertreiben Sie es nicht mit den Erwartungen. Meistens haben Ehepartner zusätzlich noch beste Freunde, ältere Freunde, Menschen, die sie auf noch andere Weise verstehen, als das in der Ehe der Fall ist. Lassen Sie das gut sein! Das Leben mit einem Menschen zu verbringen, mit dem Sie freundschaftlich verbunden sind, ist viel wert. Er oder sie muss nicht Ihr *bester* Freund, Ihre *beste* Freundin sein.

Und doch ist die Freundschaft nur ein Element der Liebe. Es gibt Fragen im Leben als Paar, die sich nicht durch Freundschaft allein beantworten lassen. Und es gibt Paare, deren hauptsächliche Verbindung nicht die Freundschaft ist. Partnerschaft und Leidenschaft sind die ungleichen Schwestern im Dreigestirn der Liebe.

Partnerschaft

Partnerschaftliches Verhalten ist faires Verhalten, d. h. Verhalten, das bestimmten Regeln folgt, auf die sich beide verlassen können. Statt »mein Mann« oder »meine Frau« reden Menschen in nicht ehelichen Beziehungen voneinander als »mein Partner« oder »meine Partnerin«. Und auch in vielen Ehen wird von »Partnerschaft« gesprochen. Dabei ist Partnerschaft eigentlich etwas, was zum neuzeitlichen Bild der romantischen Liebesbeziehung gar nicht recht passt. Nämlich ein Vertragsverhältnis.

Viele Paare fühlen sich sicher in ihrer Partnerschaft, weil es klar und gerecht zugeht, weil das Gleichgewicht stimmt. Zwei, die sich aufeinander verlassen können und darauf, dass ein Versprechen von heute auch morgen noch gilt, dürfen sich entspannen, planen und gestalten. Zwei, die gut miteinander verhandeln können, müssen sich nicht aufregen, wenn es etwas zu regeln gibt. Weil sich das regeln lässt. Eine Partnerschaft ist stark, weil sie gute Verträge hat.

Dabei ist es nicht so entscheidend, ob ein Vertrag schriftlich oder mündlich, ausdrücklich oder implizit geschlossen wird. Auch psychologische Verträge sind Verträge, und die gibt es innerhalb und außerhalb der Ehe in allen menschlichen Beziehungen. Dabei gehen Menschen Verbindungen ein, an die sie bestimmte Erwartungen haben. Etwa, dass eine Gabe erwidert wird. Wer zum Beispiel die Einladung zu einer Geburtstagsfeier annimmt, lässt sich unausgesprochen auf den Vertrag ein, dass er mit einem Geschenk auftaucht und zumindest in Erwägung zieht, irgendwann eine Gegeneinladung auszusprechen. Wer auf die Katze der Nachbarn aufpasst, würde es als ungerecht empfinden, wenn die Nachbarn bei der nächsten Urlaubsreise nicht die Blumen gießen wollten. Partnerschaft hat mit empfundener Gerechtigkeit zu tun.

Zwar gibt es in Deutschland (theoretisch) keine mittelalterlichen Vertragsehen mehr, in denen Eltern ihre Kinder mit strategischen Hintergedanken in anderen Familien unterbringen. Heutige Ehen beruhen im Prinzip auf freiwilligen Verträgen.

Aber von der Vertragsehe zum Ehevertrag ist es emotional nicht so weit, und viele Ehepaare heute verzichten auf einen weiteren Ehevertrag, weil er das Ideal der lebenslangen Romantik infrage stellt (»Wenn wir uns wirklich lieben, brauchen wir keinen Vertrag«). Und doch ist eine Eheschließung gleichbedeutend mit einem Vertragsabschluss – wer eine Ehe schließt, geht einen Vertrag ein. Das »Ja« im Standesamt ist rechtlich verbindlich. Es gibt bestimmte Voraussetzungen, die das Gesetz regelt, bestimmte Rechte und Verpflichtungen. Zum Beispiel die Verpflichtung zur gegenseitigen Verantwortung und zum gegenseitigen Unterhalt.

Bürgerliches Gesetzbuch (BGB) § 1353
Eheliche Lebensgemeinschaft

»(1) Die Ehe wird von zwei Personen verschiedenen oder gleichen Geschlechts auf Lebenszeit geschlossen.
Die Ehegatten sind einander zur ehelichen Lebensgemeinschaft verpflichtet; sie tragen füreinander Verantwortung.«[28]

Über die Regelungen des Gesetzbuches hinaus beinhaltet eine Ehe noch unzählige soziale und psychologische Verträge, die mehr oder weniger festgeschrieben sind. Relativ klar ist der Vertrag der Treue. Ehebruch ist seit 1969 keine strafbare Handlung mehr, passt jedoch weiterhin nicht zum rechtlichen Rahmen der Ehe, die auf lebenslange Monogamie angelegt ist. Trotzdem führt die Frage der Treue und ihrer Grenzen zu vielen Konflikten: Wann beginnt Untreue? Welchen Platz hat Eifersucht in der Beziehung? Weniger deutlich und viel individueller sind andere Verträge. Das gemeinsame Sorgerecht für Kinder ist zum Beispiel gesetzlich verankert. Wer aber nachts aufsteht, wenn das Baby schreit oder wer zum Elternabend geht, wenn beide müde sind, das steht nirgends. Trotzdem gibt es jede Menge Erwartungen und Gefühle von Gerechtigkeit und Ungerechtigkeit.

Eine partnerschaftlich starke Liebesbeziehung fußt auf einem verbindlichen und verlässlichen Miteinander, in dem das Gleichgewicht immer neu hergestellt wird. Wer bestimmt und wer macht mit? Wer übernimmt welche Aufgaben? Wer hat wie viel Geld zur Verfügung? Wessen Wünsche haben wann Vorrang? Starke Partner achten hier weniger darauf, alle Rechte und Pflichten penibel fünfzig-fünfzig aufzuteilen. Vielmehr geht es darum, Regelungen zu finden, mit denen beide sich wohlfühlen. Da ist viel Kreativität möglich: »Ich koche gern, kaufe aber nicht gern ein – du schon.« »Du hilfst den Kindern gern bei den Hausaufgaben, aber Elternabende findest du furchtbar – ich nicht.« Da bietet sich eine gute Aufteilung an. »Ich mache gern Urlaub an ungewöhnlichen Orten, du willst am liebsten jedes Jahr nach Amrum – na gut, ein

Jahr so, ein Jahr anders, oder mal gemeinsam, mal mit anderen?«

Gute Verträge haben viel mit guter Kommunikation zu tun. Starke Partner hören einander zu, fordern Rückmeldungen ein, nehmen Kritik an und sagen deutlich, was sie sich wünschen. Wer sich immer durchsetzt, schwächt auf Dauer das Gleichgewicht. Wer sich immer unterordnet, ebenso. Partnerschaft findet auf Augenhöhe statt. Leben Sie in einer starken Partnerschaft? Herzlichen Glückwunsch!

Wie stark ist die Partnerschaft in Ihrer Liebesbeziehung?

Kreuzen Sie an:

- ○ 0–25 Prozent
- ○ 25–50 Prozent
- ○ 50–75 Prozent
- ○ 75–100 Prozent

Und unabhängig davon, wie stark die partnerschaftliche Seite Ihrer Liebe ausgeprägt ist: Nutzen Sie die Partnerschaft! Unterstützen und stärken Sie einander offensiv, stellen Sie immer wieder Fairness her, ziehen Sie Bilanzen und Konsequenzen. Dann lebt die Partnerschaft. Und lassen Sie es gut sein! Partnerschaft lebt von Vertrauensvorschuss und von einem Ausgleich über lange Zeit. Keine Stechuhr für gegebene Aufmerksamkeit, keine doppelte Kontoführung für Emotionen. Eine Partnerschaft, die einigermaßen und meistens ganz gut funktioniert, ist besser als keine.

Liebe aber lässt sich nicht vertraglich festlegen. Sie ist ein Gewächs mit vielen Wurzeln. Freundschaft und Partnerschaft sind zwei, mindestens so entscheidend ist aber die dritte: Leidenschaft.

Leidenschaft

Überlegen Sie mal kurz, was man alles leidenschaftlich tun kann. Küssen natürlich und lieben. Aber auch hassen. Oder Golf spielen. Die Bandbreite der Leidenschaften ist anscheinend riesig. Was wir meistens meinen, wenn wir von Leidenschaft sprechen, sind Hingabe, Begeisterung und mindestens eine Prise Kontrollverlust.

Paare, deren Stärke die Leidenschaft ist, haben es auf jeden Fall nicht langweilig miteinander. Sie reiben sich aneinander, spüren die gegenseitige Anziehung als Glück und Sehnsucht, erleben schmerzhafte Grenzen und Verletzungen, kennen Versöhnung. Oft geht das über Worte hinaus. Die unmittelbaren Gefühle und der Körper sind im Zentrum der Aufmerksamkeit. Das Herz klopft, die Haut kribbelt oder der Magen krampft sich zusammen. Die Sicherung springt raus oder man fliegt einander in die Arme.

Dein ist mein ganzes Herz

»Dein ist mein ganzes Herz,
du bist mein Reim auf Schmerz.
Wir werden Riesen sein,

uns wird die Welt zu klein.
Was sind das bloß für Menschen, die »Beziehungen« haben?
Betrachten die sich denn als Staaten?
Die verführen sich nicht, die entführen sich höchstens.
Die enden wie Diplomaten.«

Heinz Rudolf Kunze[29]

In der leidenschaftlichen Liebe liegen Stärken und Gefahren nah beieinander. Zwei Menschen öffnen sich füreinander und zeigen sich einander ungeschminkt. Die Nähe, die aus Leidenschaft entstehen kann, ist ein Wundermittel gegen Einsamkeit und hält die Seele elastisch.

Aber Leidenschaft ist unbedacht, folgt Impulsen. Sie verletzt und überfordert schnell. Sie hat ein vereinnahmendes Wesen. Paare, die sich leidenschaftlich lieben, streiten oft auch leidenschaftlich. Und sagen oder tun Dinge, die sie später bereuen, aber nicht rückgängig machen können. Vergebung, Versöhnung und Neuanfänge helfen viel, aber manchmal wird doch auch zu oft in eine Kerbe geschlagen.

Dass Leidenschaft Leiden schafft ist also oft wahr, weil sie irrational ist. Aber es ist nur die eine Seite der Medaille. Leidenschaft ist wie eine externe Kraft. Menschen sind von Leidenschaft erfasst, getrieben, erfüllt. Sie ermöglicht Übermenschliches, macht Leute stark und hilft durchzuhalten. Wer leidenschaftlich liebt, ist auf ganz besondere, tiefe Weise mit einem anderen verbunden.

Lieben Sie Ihren Partner leidenschaftlich? Und umgekehrt? Herzlichen Glückwunsch. Und wenn es dann auch noch gelungen ist, dass Feuer der Leidenschaft dauerhaft brennen zu lassen, haben Sie eine lebenslange Energiequelle und können Großes erreichen.

Wie stark ist die Leidenschaft in Ihrer Liebesbeziehung?

Kreuzen Sie an:

- ○ 0–25 Prozent
- ○ 25–50 Prozent
- ○ 50–75 Prozent
- ○ 75–100 Prozent

Und unabhängig davon, wie stark das Element der Leidenschaft in Ihrer Liebe ist: Genießen Sie es! Spüren Sie den Impulsen nach, geben Sie Ihrem Körper einen guten Platz im Alltag, er hat viel Gutes beizutragen. Wenn es aber nicht andauernd leidenschaftlich zugeht, lassen Sie es gut sein! Das Herz kann durchaus auch mal ein bisschen Ruhepuls vertragen.

Freundschaft, Partnerschaft, Leidenschaft sind die Baustoffe, die Grundelemente der Liebe, die drei Zutaten des Zaubertranks. Doch wann braucht man welches Element? Und was ist die richtige Mischung? Dreimal 100 Prozent?

Liebe – phasenweise

In Astrid Lindgrens Bullerbü-Büchern kommt die Liebe der Eltern als Thema überhaupt nicht vor. Sie wird einfach vorausgesetzt. Die Liebe der Eltern bildet unausgesprochen den sicheren Hintergrund für das Glück der Kinder. Das ist das erste bullerbüartige Missverständnis über die Liebespartnerschaft: dass sie einfach da ist und dableibt. Viele Paare gehen davon aus, dass eine Ehe einmal gestiftet wird und dann von allein wächst und gedeiht wie ein Baum, der an der richtigen Stelle gepflanzt wurde. Einmal pflanzen – lebenslanges Wachstum. Mal ist Winter, mal ist Sommer, mal wächst der Baum schneller, mal langsamer, aber im Prinzip geht es immer nur in die eine Richtung: weiter. Der Bullerbü-Komplex ist das Unbehagen, das sich einstellt, wenn dieses Ideal nicht erreicht wird. Und die Schlussfolgerung liegt dann recht nahe: Der Baum wurde an der falschen Stelle gepflanzt. Augen auf bei der Partnerwahl. »Mist, ich habe den falschen Mann, die falsche Frau geheiratet. Habe ich Zeit, noch einmal von vorn anzufangen?« Meistens nicht, denn es gibt ja schon Kinder, Eigentum, Entscheidungen über Wohnorte und Karriereschritte – ein ganzes Leben eben.

Eine Ehe oder eine Lebenspartnerschaft ist nicht wie ein Baum. Wenn überhaupt, ist sie wie ein Wald. Da gibt es unterschiedliche Bereiche, Unterholz und Kleingetier. Es gibt immer was zu tun. Damit das Ganze gedeiht, muss man mal hier ein bisschen aufforsten, dort etwas lichten.

Die Liebe ist nicht starr und statisch. Sie hat keine perfekte Form, die es zu finden gilt. Sie ist keine Statue, aus zwei perfekten Menschen geformt. Sie wandelt sich ständig, ist Aktion und Reaktion, ist immer in Bezug zum Rest des Lebens, ist ein Tanz. Anders gesagt: In jedem Lebensabschnitt braucht die Liebe andere Schwerpunkte. Die Elemente der Liebe – Freundschaft, Partnerschaft und Leidenschaft – sind zu unterschiedlichen Zeiten unterschiedlich wichtig. Doch wann braucht man was?

» ***In Phasen des Aufbruchs braucht die Liebe viel Leidenschaft. Das ist ganz natürlich der Fall in der Phase des Verliebtseins. Hier scheint alles möglich, und die Vernunft ist zeitweise geradezu lahmgelegt. Der Mut bzw. der Wahnsinn, ein Versprechen abzulegen, das für ein ganzes Leben gilt, ist leidenschaftlich. Oft auch leidenschaftlich naiv.***

»Es wird sicher nicht einfach, es wird sogar richtig hart, wir müssen daran arbeiten jeden Tag. Aber ich will das, weil ich dich will und weil ich dich jeden Tag will, für immer ... Du und ich für immer.«

James Garner[30]

Junge, verliebte Menschen fühlen sich wie die Superhelden der Liebe und sind sich sicher, dass sie alles anders machen werden als ihre Eltern. Die Eltern wiederum, mit der Erfahrung eines halben Lebens, beißen sich auf die Zunge und wünschen den jungen Leuten, dass ihnen tatsächlich das gelingen möge, was sie selbst auch versucht, aber nur zum Teil geschafft haben.

Doch auch in späteren Lebensphasen ist Leidenschaft gefragt. Wenn die Schraubzwingen des Alltags allzu festgezogen sind, kann eine leidenschaftliche, unvernünftige

Entscheidung den Druck lockern und dem Leben wieder Spielraum geben. Wenn mitten im Leben ein neuer Aufbruch ansteht, ein beruflicher Wechsel und ein gemeinsamer Neustart an einem anderen Ort, der gemeinsame Kampf für eine gute Sache – all das können Phasen sein, in denen die leidenschaftliche Seite der Liebe einem die nötige Kraft gibt.

Fair Play in der Partnerschaft

Andere Phasen im Paarleben brauchen mehr Partnerschaft. Gute Verträge, gerechte Balance. Klassisch ist die Zeit, in denen ein Paar mit kleineren Kindern lebt und die Eltern 24/7-Verantwortung haben. Entweder ist einer von beiden bei den Kindern oder die Betreuung muss extern organisiert werden. Jede Lücke im Puzzle der Familienlogistik ist kostspielig. Da müssen Termine verschoben und Einladungen abgelehnt werden; Chancen verstreichen, wichtige Aufgaben bleiben liegen. Der Alltag einer Familie lässt sich kaum mit Leidenschaft bestreiten, er braucht verbindliche und verlässliche Absprachen. Tag für Tag, Woche für Woche, Jahr für Jahr. Liebe heißt hier, die täglichen Aufgaben gerecht zu verteilen, damit beide bei Kräften bleiben. Und zugleich heißt es, die großen Linien nicht aus dem Blick zu verlieren und zum Beispiel dafür zu sorgen, dass beide mit ihrer langfristigen beruflichen Entwicklung zufrieden sind.

Dass beide abwechselnd auf Weiterbildungsveranstaltungen fahren, dass die Partner einen gerechten Ausgleich finden, wenn einer für eine Zeit pausiert. Es ist ein sehr handfester Liebesbeweis, wenn zwei sich an solche

Absprachen halten, wenn der eine die Küche aufräumt, weil er dran ist, wenn die andere ihm das Wochenende mit den Freunden ermöglicht, weil er das letzte Mal auf die Kinder aufgepasst hat.

Später sind es andere Themen, die Aussprache und Ausgleich brauchen, partnerschaftliche Liebe. Wenn die alten Eltern Hilfe und Aufmerksamkeit benötigen, ist die Balance der Bedürfnisse oft ein Kunststück. Da kann Liebe so aussehen, dass ein Mann sich um das Einkaufen mit der Schwiegermutter kümmert, weil seine Frau dabei jedes Mal an den Rand des Wahnsinns gerät, sie können es aber auch nicht der Schwester überlassen, weil das wiederum innerhalb der Geschwisterriege zu Gerechtigkeitsspannungen führen würde. Der Ausgleich für diesen Liebesdienst kann ganz woanders liegen, vielleicht im Ertragen der wöchentlichen Sportschau. Hauptsache, beide haben das Gefühl von Fair Play. Immer dann, wenn unterschiedliche Bedürfnisse ausgeglichen werden müssen, ist die partnerschaftliche Seite der Liebe gefragt: Urlaub, Geld, Zeit, Freundeskreis, Familie und Ruhebedürfnis – diese Themen sind immer da. Diese Art von Liebe ist oft nüchtern, fast berechnend und wenig romantisch. Und doch ist es Liebe.

Freunde fürs Leben

Freundschaft ist etwas, das wachsen muss. Am Anfang ist es nur Sympathie. Aber aus einer Menge gemeinsamer Erlebnisse, auch gemeinsamer Grenzerfahrungen, durchlebter Abenteuer, aus Scheitern und Neubeginn, Verletzung und Versöhnung entsteht ein tragendes Fundament an Erfahrung, ein nährender Wald der Erinnerungen. Anders als bei Leidenschaft und Partnerschaft ist es bei der Freundschaft schwieriger, bestimmte Phasen zu erkennen. Das Wachstum der Freundschaft ist doch eher organisch und auch sehr abhängig von dem, was das Leben so mit sich bringt an Schönem und Schwerem. Wenn ein Mann seine Frau durch Schwangerschaft und Geburt begleitet, sammelt er nicht nur Bilder verklärter Romantik, sondern teilt mit ihr sehr handfeste menschlich-körperliche Erfahrungen. Die passen zwar in keinen »Marriage«-Katalog, der Märchenhochzeiten vermarktet, aber sie bilden eine gute Grundlage für eine Freundschaft. Wenn eine Frau ihren Mann durch das Ringen um Anerkennung im Beruf begleitet, das gar nicht selten ein nachgeholtes Ringen um die Anerkennung des Vaters ist, dann erlebt sie nicht nur die reine, strahlende Vernunft und unerschütterliche Souveränität, sondern viel Irrationales, oft ungefilterte Vaterkomplexe. Das eignet sich nicht zum Angeben. Aber zum Kennenlernen. Und damit zur Freundschaft.

Diese Erlebnisse sind aber ständig und immer wieder neu. Einander erleben beim Elternwerden und Elternsein, in der Trauer, in Momenten des Glücks und des Zweifels, einander beim Älterwerden begleiten: »Wie gehst du damit um, wenn du nicht mehr wie 25 aussiehst, wenn du nicht mehr die Treppe hochkommst?« Und schließlich sogar am Ende des Lebens: »Wie bist du, wenn es auf das Sterben zugeht?« All das braucht einen freundlichen Blick, braucht Aufmerksamkeit und Verständnis ebenso wie Zuspruch und Humor.

Wettstreit Teil 2

Vielleicht haben manche sich gefragt, wie die Geschichte des Paares weitergegangen ist, von dem weiter oben die Rede war. Sie waren in einem Wettstreit stecken geblieben, wer von beiden das schwerere Leben habe. Es fehlte den beiden nicht an Leidenschaft (sie stritten sich von Herzen) und auch nicht an Partnerschaft (sie leisteten beide ihre Beiträge zum gemeinsamen Leben, auch wenn sie sich darüber ständig stritten). Als ihnen aber aufging, dass sie mit anderen viel freundlicher umgingen als miteinander, begannen sie schlicht, eine Freundschaft aufzubauen. Diese Seite hatten sie viel zu lange in ihrer Partnerschaft vernachlässigt. Vorsichtig zunächst, später immer mehr, schenkten sie einander Verständnis und Vertrauen. Der Effekt war überwältigend!

Wann nun die freundschaftliche Seite der Liebe gefragt ist, lässt sich zwar in groben Zügen ahnen – zum Beispiel immer dann, wenn das Leben Veränderungen bringt –, aber es lässt sich manchmal nicht voraussehen.

Liebe im Überfluss

Die Liebe ist keine Statue, sie ist ein Tanz. Sie braucht mal heiße Leidenschaft, mal kühle Partnerschaft, mal warme Freundschaft. In wechselnder Folge. Es ist nicht mit der klassischen Reihenfolge »Leidenschaft, Partnerschaft, Freundschaft« getan, die gern proklamiert wird. Oft aber eher als Entschuldigung, wenn etwas fehlt: »Wir sind zu alt für Leidenschaft« oder »Wir sind noch zu jung für so eine Bindung«. Die verschiedenen Lebensphasen brauchen sicherlich unterschiedliche Schwerpunkte, unterschiedliche Ausdrucksformen der Liebe. Vor allem aber brauchen alle Lebensphasen immer wieder etwas von jeder Seite der Liebe. Nur: Wie viel?

Das zweite Missverständnis à la Bullerbü (oder hier besser: à la Hollywood) ist, dass wahre Liebe in allen drei Bereichen – Leidenschaft, Partnerschaft und Freundschaft – immer 100 Prozent braucht, um den Namen »wahre Liebe« zu verdienen. Diese Erwartung wird genährt von einer unendlichen Flut an Büchern und Filmen – Bullerbü für Erwachsene. Sie sind Ausdruck der uralten Sehnsucht des Menschen nach Vollkommenheit. Das Heimweh der menschlichen Seele nach dem Paradies. Es ist gesund, diese Sehnsucht Gott hinzuhalten, es ist bereichernd, das gemeinsam zu tun. Aber es ist fatal, sie einander in der Ehe vorzuhalten. Wenn es einem der Liebespartner dann ein wenig an Feuer, an Aufmerksamkeit oder Zuverlässigkeit fehlt, ist er in den Augen des anderen schnell ein Mangelwesen, das nicht den (berechtigten) Erwartungen entspricht. Da werden dann eine Weile lang Reparaturprogramme gefahren in Form von Fortbildungswochenenden (»Echte Liebe entdecken«), Forderungskatalogen (»Wenn du nicht ..., dann ...«) oder Forendiskussionen (»Also, mein Mann, ...«), aber irgendwann bleibt nur der Partnerwechsel oder die Resignation.

Auch das ist übertrieben und zum Glück gibt es viele Paare, die sich als zufrieden bezeichnen. Aber es bleibt dabei, dass die Mehrzahl von Trennungen und Scheidungen aufgrund enttäuschter Erwartungen entsteht. Und die Mehrzahl gelingender Ehen und Partnerschaften gründet nicht auf besseren Menschen, sondern auf der Fähigkeit, es gut sein zu lassen und auf dem aufzubauen, was man aneinander hat.

Kein Paar kann dreimal 100 Prozent geben. Nicht jede Persönlichkeit ist gleich. Manche Menschen sind eher an Regeln und Strukturen orientiert, andere sind impulsiver, manche sind nähebedürftiger, andere brauchen Platz – deshalb ist selbstverständlich auch der Ausdruck der Liebe jeweils ein anderer. Eine Seite der Liebespyramide ist im Vordergrund, eine andere weniger deutlich ausgeprägt. Wir sprechen verschiedene Muttersprachen der Liebe.

Leseempfehlung

Lohnender Klassiker zum Thema »Liebessprachen«, den ich sehr empfehlen kann: »Die 5 Sprachen der Liebe« von Gary Chapman.[31]

Dazu kommt die jeweilige Kultur, die Ausdrucksformen und Erwartungen prägt. In Skandinavien ist die Gleichberechtigung von Mann und Frau zum Beispiel viel tiefer verwurzelt als in Südamerika, manche Kulturen sind mehr auf Gemeinschaft und Rücksicht ausgerichtet, andere mehr auf das Individuum. Mehr und mehr interkulturelle Ehen stehen vor dieser Herausforderung. Freunde von mir behaupten sogar, dass der beträchtliche Kulturunterschied zwischen ihren Herkunftsorten Kiel und Eckernförde in diese Kategorie fallen würde.

Jede Lebensphase hat, wie beschrieben, andere Bedürfnisse und Stärken. Da passen dreimal 100 Prozent oft gar nicht hinein. Manchmal ist es sogar gut, eine gewisse Zeit lang etwas leidenschaftslos zu sein und eine Durststrecke des Lebens mit Disziplin und Verlässlichkeit durchzustehen. Zu anderen Zeiten ist es nötig, die Beziehung leidenschaftlich infrage zu stellen, alte Versprechen auf den Prüfstand zu stellen und Platz zu schaffen für einen ehrlichen Neuanfang unter neuen Vorzeichen – pure Verbindlichkeit und freundschaftliches Verständnis wären hier eher Betäubungsmittel.

Was ist aber die Rechnung, die das überfordernde Bild der dreimal hundertprozentigen Leidenschaft, Freundschaft und Partnerschaft ersetzen kann? Es ist eine realistische Rechnung: hundertprozentige Liebe besteht zu je einem Drittel aus Leidenschaft, Partnerschaft und Freundschaft. Wenn Sie in den kleinen Ankreuz-Kästchen weiter oben zu Ihrer eigenen Liebesbeziehung (»Wie stark ist die Freundschaft in Ihrer Liebesbeziehung?« usw.) dreimal 25–50 Prozent angekreuzt haben, sind Sie also ziemlich auf der sicheren Seite. Wenn es in einem Bereich mal ein knappes Viertel ist, kann das durch ein sattes Drittel in einem anderen Bereich gut ausgeglichen werden. Zum Beispiel: 27 Prozent Freundschaft, 43 Prozent Leidenschaft und 30 Prozent Partnerschaft sind 100 Prozent Liebe. Wenn Sie aber dreimal ca. 50 Prozent angekreuzt haben, sind das rein rechnerisch 150 Prozent, also mehr als genug. Alles, was in der Summe über 100 Prozent hinausgeht, ist Liebe im Überfluss!

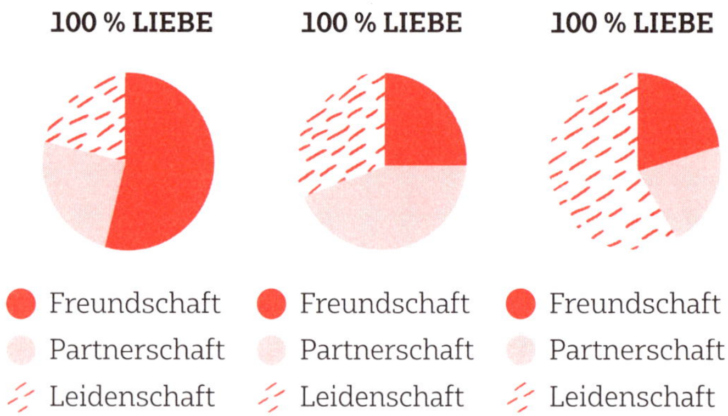

Diese Erkenntnis kann manche Paare so kolossal entspannen, dass sie ihr gemeinsames Glück plötzlich tatsächlich empfinden. Dass sie von einem permanenten Mangelerleben zu einer Dankbarkeit und Freude finden, die wiederum das Leben einfacher machen. Wir haben Liebe im Überfluss! Und sie reicht für lange und sehr verschiedene Lebensphasen. Sie darf schwanken, sich mal so und mal anders anfühlen, aber sie bleibt stabil.

Liebe ist mehr als die Summe ihrer Teile. Sie ist die geheimnisvolle Verbindung von Freundschaft, Partnerschaft und Leidenschaft, die ein neues, mächtiges Element schafft. Manche nennen sie göttlich.

Es gut sein zu lassen in der Liebe bedeutet, sich der Vielfalt der Möglichkeiten bewusst zu sein und sich genau auf die Art von Liebe einzulassen, die mit Ihnen und Ihrer Partnerin bzw. Ihrem Partner in eben dieser Lebensphase möglich ist. Wer ständig auf die Lücke zwischen der heutigen, liebevollen Wirklichkeit und einer erträumten, irgendwie optimierten Liebe mit dreimal 100 Prozent Freundschaft, Partnerschaft und Leidenschaft schielt, tut der Liebe unrecht und überfordert sich und sein Gegenüber. Niemand ist zu dreimal 100 Prozent fähig, auch Sie nicht. Und Ihre Partnerin bzw. Ihr Partner eben auch nicht. Es gut sein zu lassen, ist aber mehr als resigniert hinzunehmen, dass es die »wahre Liebe« wohl doch nicht gibt, und sich fortan mit einer Pseudo-Liebe zu arrangieren. Es gut sein zu lassen, bedeutet, einen freundlichen Blick auf die Liebe zu wählen und tatsächlich auf das zu sehen, was da ist.

Liebe konkret

- Erwischen Sie Ihre Partnerin bzw. Ihren Partner dabei, wie sie/er Ihnen wie selbstverständlich etwas Gutes tut, Sie im Alltag unterstützt, Ihnen einen Kaffee hinstellt, Sie an etwas erinnert, das Sie sonst vergessen hätten, Ihnen eine interessierte Frage stellt, etwas vom Einkaufen mitbringt, was Sie mögen, anerkennend über Sie spricht. Entdecken Sie die vielen Spuren der Freundschaft, die Ihren Alltag durchziehen, und nennen Sie sie »Liebe« – denn sie sind ein Teil von ihr. Und legen Sie selbst solche Spuren und nennen Sie auch das »Liebe«.
- Suchen Sie in Ihrem Leben nach den Elementen von Partnerschaft, die Sie und Ihre Partnerin bzw. Ihr Partner verbindet. Was haben Sie schon alles erreicht,

weil Sie partnerschaftlich zusammenarbeiten? Welche Aufgaben sind zwischen Ihnen verteilt? Wofür tragen Sie gemeinsame Verantwortung? Wo treten Sie als Team auf? Was oft wie der nüchterne Rahmen eines Lebens aussieht, ist Teil der Liebe. Nennen Sie es beim Namen!

- Achten Sie auf Atem, Herz und Haut! Was regt sich in Ihnen, wenn Sie mit Ihrer Partnerin bzw. Ihrem Partner zusammen oder wenn Sie einander fern sind? Wenn Sie wütend werden oder Sinnlichkeit empfinden, wenn Sie stark reagieren, mit Sehnsucht oder Begeisterung, Albernheit oder Melancholie, wenn also Ihre Partnerin bzw. Ihr Partner Leidenschaften in Ihnen weckt oder Sie in ihr/ihm, dann erkennen Sie darin Lebenszeichen der Liebe!
- Es gut sein zu lassen, ist viel mehr, als sich nur zufriedenzugeben. Es ist ein Blick auf die Dinge, ein Blick, der das Gute, was da ist, als solches anerkennt, es nicht schlecht macht, sondern gut sein lässt.

Und der Sex?

Mit der körperlichen Liebe ist es wie mit den anderen Bereichen auch – nur dass es vielen Menschen eher schwerer fällt, darüber zu sprechen. Es gibt dieselben Unterschiede zwischen Menschen und zwischen Paaren, bei manchen steht Sex mehr im Vordergrund, bei anderen mehr im Hintergrund. Es gibt auch dieselben Missverständnisse – etwa, dass Sex mit Leidenschaft gleichzusetzen ist und

»wahre Liebe« eigentlich wie eine lebenslange Romantikkomödie mit viel Geigenmusik im Hintergrund sein müsste.

Viel näher an der Wirklichkeit ist es wohl, die körperliche Liebe als ein Teil des Ganzen und vielleicht als einen Spiegel dessen zu verstehen, was ansonsten in der Liebesbeziehung passiert. Sex braucht ebenso Freundschaft, Partnerschaft und Leidenschaft.

Freundschaft zeigt sich in der Zärtlichkeit. Die freundliche Seite der Sexualität zeigt sich, wenn einer die andere kennt und weiß, was ihr gefällt und was nicht. Wenn das Ziel der Begegnung ist, dem anderen gutzutun. Die Leidenschaft dagegen ist eher der Drang, das Unwiderstehliche, ist der Wunsch, zu berühren, berührt zu werden, zu verschmelzen – aber auch das Kraftvolle der Liebe, das Ringen, das Spiel von Hingabe und Eroberung, von Geben und Nehmen. Und weil Sexualität viel mit Grenzen zu tun hat – wir geben einander die Erlaubnis, sehr intime Grenzen zu überschreiten –, ist auch Partnerschaft ein wichtiger Teil. Es muss fair zugehen, es braucht Sicherheit. Es ist also offensichtlich: Auch die körperliche Liebe ist vielfältig.

Genauso ist in der körperlichen Liebe nicht immer alles gleich, haben verschiedene Lebensphasen verschiedene Möglichkeiten und Bedürfnisse und nicht allen liegt alles gleich. Unsichere junge Menschen können davon ebenso ein Lied singen wie müde junge Eltern und ältere Menschen, die körperliche Veränderungen in ihr Liebesspiel einflechten müssen.

Hundertprozentiger Sex besteht zu je einem Drittel aus Freundschaft, Leidenschaft und Partnerschaft. Die drei Seiten gleichen einander aus. Und alles, was in der Summe über 100 Prozent hinausgeht, ist körperliche Liebe im Überfluss.

Wie sind Freundschaft, Partnerschaft und Leidenschaft in Ihrem körperlichen Liebesleben verteilt?

Kreuzen Sie an:

Freundschaft	**Partnerschaft**	**Leidenschaft**
○ 0–25 %	○ 0–25 %	○ 0–25 %
○ 25–50 %	○ 25–50 %	○ 25–50 %
○ 50–75 %	○ 50–75 %	○ 50–75 %
○ 75–100 %	○ 75–100 %	○ 75–100 %

Tatsächlich liegt hier wohl das eigentliche Geheimnis von »wirklich gutem Sex« (und nicht in den immer wiederkehrenden Titelstorys von Zeitschriften wie »Men's health« oder »Shape«): Ein entspannter Umgang mit den Erwartungen aneinander und an sich selbst und das Miteinander zweier Körper ist gleich doppelt so schön. Sex gut sein zu lassen, heißt, den anderen, die andere so zu nehmen, wie er oder sie ist und diese Begegnung als Teil der gemeinsamen Liebe zu feiern.

Es schadet übrigens gar nichts, sich Dinge wie: »Du bist schön«, »Ich berühre dich gern«, »Ich genieße das sehr, was wir hier gerade machen …« gelegentlich zu sagen. Die Wahrheit über Ihre Liebe, auch über die körperliche Seite, beschreiben Sie selbst. Niemand sonst, auch kein Hollywood-Regisseur, hat das Recht, Ihnen vorzuschreiben, wie Ihre Liebe auszusehen hat. Lassen Sie sich also Ihre Liebe nicht schlechtmachen durch irgendwelche inszenierten Bilder, die körperliche und emotionale Schönheitsideale vorführen. Lassen Sie sie gut sein!

Gefahrenmeldungen

So sehr dieses Kapitel dazu raten will, es in der Liebe gut sein zu lassen, so wenig will es die Herausforderungen verharmlosen, die eine Ehe mit sich bringt. Es lohnt sich, aufmerksam zu sein und etwas zu unternehmen, wenn das Gleichgewicht von Freundschaft, Partnerschaft und Leidenschaft in extreme Schieflage gerät und zum Beispiel einer der folgenden Fälle eintritt:

Eine der drei Liebesseiten liegt beständig unter 20 Prozent

Die Liebe ist ein recht stabiles Gebilde, wenn sie wie ein guter alter Küchenhocker auf ihren drei Beinen steht. Ein bisschen wackelig vielleicht, aber doch verlässlich. Wenn allerdings eine der drei Seiten chronisch zu kurz kommt, kann es bedenklich werden. Da lohnt es sich, etwas zu unternehmen.

Eine Liebe, der es beständig an Freundschaft mangelt, entwickelt sich auf Dauer zu einem Kampf. Wenn die Person, mit der ich mein Leben teile, meine Bedürfnisse, Wünsche und Eigenarten nicht kennt und nichts dafür tut, dass es mir gut geht, dann muss ich es wohl oder übel selbst tun. Dann muss ich mich durchsetzen und meinen eigenen Weg gehen, auch gegen den Widerstand des anderen, notfalls eben ohne Freundlichkeit. Ein Morgenmuffel, der keiner sein darf, wird noch unerträglicher. Ein vorsichtiger Mensch, dessen Zurückhaltung keine freundliche Anerkennung bekommt, wird ein nörgelnder Bedenkenträger. Eine ordnungsliebende Person, die keine freundliche Kooperation erfährt, entwickelt tyrannische Züge. Das ist nicht schön – weder für die Person selbst noch für diejenigen, die mit ihr zusammenleben. Wer mit jemandem zusammenlebt, der sich für die Entwicklung der Persönlichkeit des anderen nicht interessiert, wird mit der Zeit zum familiären Einzelkämpfer. Oder es kommt zu einem Verhandlungsmarathon, wenn die Partnerschaft den Mangel an Freundschaft ausgleichen soll. Das Grundthema »Gerechtigkeit« zieht sich dann als unvollendetes Thema durch den Alltag. Der Abend mit den Freundinnen wird aufgerechnet gegen die Zeit mit den Schwiegereltern, die sonntäglichen Fahrten zum Fußballturnier der Kinder werden auf das Zeitkonto eingezahlt, von dem der Elternabend wieder abgebucht werden kann, auf den man keine Lust hat. Und diese Verhandlungen werden leidenschaftlich geführt, mit harten Bandagen. Ein chronischer Mangel an Freundlichkeit produziert auf Dauer so viel Unfreundlichkeit, dass es den gesamten Alltag vergiften kann.

Eine Liebe, der es fast vollständig an Leidenschaft fehlt, wird ein goldener Käfig der Langeweile. Liebe braucht eine gewisse Grundspannung, sowohl körperlich als auch seelisch. Wie gesagt, keine Dauerhochspannung! Aber wenn die Leidenschaft wie das EKG eines Herztoten konstant auf der Nulllinie ist, bleibt oft nur freundliche Gewohnheit. Freundschaft und Partnerschaft sorgen dafür, dass alles läuft und alles sicher ist. Besonders sicher ist, dass es keine Überraschungen gibt. Keine Reibungen und Konflikte, aber auch keine Versöhnungen, keine Phasen der Ferne und kein freudiges Wiederannähern, kein Herzklopfen und kein Kribbeln, kein Glühen und kein Brennen. Keine Angst, aber auch keine Erleichterung. Und wenn auf Dauer all diese Gefühle fehlen, können Zweifel aufkommen, ob man überhaupt am Leben ist.

Eine Liebe, der es an Partnerschaft mangelt, führt mit der Zeit in eine Schieflage. Wenn es kein gemeinsames Bemühen um Gerechtigkeit und Ausgleich gibt, gewinnt der oder die Stärkere und vereinsamt, während der sogenannte »Partner« leidet und verwelkt. Bestimmt immer nur einer, wo es langgeht, geht die Augenhöhe verloren. Bekommt eine Person ein Liebesleben lang nicht das, was sie braucht, kommt es zu ernsten Mangelerscheinungen. Mit körperlichen und seelischen Folgen. Es ist erschreckend zu sehen, wie in manchen Fällen Menschen nach dem Tod des Ehepartners oder nach einer geglückten Trennung aufblühen, weil endlich das Platz bekommt, was zuvor unterdrückt war. Und auch wenn es vielleicht so aussieht, als wäre die stärkere Hälfte einer solchen Konstellation auf der Siegerseite, so ist doch auch sie eine Verliererin: sie versäumt die beglückende Erfahrung einer liebevollen Partnerschaft.

Besondere Bedürfnisse des einen reiben sich an besonderen Schwächen des anderen

Jeder Mensch ist anders – und damit ist natürlich auch jede Liebe anders gelagert. Darüber hinaus hat aber jede Person noch eine je eigene Idealverteilung von Freundschaft, Partnerschaft und Leidenschaft, ein Wohlfühl-Gleichgewicht. Das ist ganz normal. Manche Lebensgeschichten führen jedoch dazu, dass Menschen besondere Bedürfnisse haben. Wer etwa als Kind unter Geschwistern große Ungerechtigkeit zu ertragen hatte, kann in Gerechtigkeitsfragen sehr empfindlich sein, braucht daher eine besondere Portion Partnerschaft und ist selbst nicht besonders gut darin, fünfe gerade sein zu lassen. Trifft eine solche Person nun auf ein Gegenüber, das besonders wenig Sinn für Absprachen hat, wird es kompliziert. Wer nie gelernt hat, seine eigenen Gefühle ernst zu nehmen, zum Beispiel weil immer die anderen wichtiger waren, braucht vielleicht eine extra Dosis Freundschaft, bringt aber selbst nicht viel Empathie auf. Wenn zwei sich in Liebe verbinden, die an solchen Stellen extrem verschieden sind, kann das auf Dauer schwierig werden. In solchen Verbindungen kann ein Vakuum entstehen, in dem die Liebe nicht gedeihen kann. Es fühlt sich dann so an, als würde der andere das eigene Glück geradezu verhindern, indem er die wesentliche Zutat vorenthält.

Besondere Lebensereignisse verändern plötzlich die Lage

Normalerweise ist die Liebe recht stabil und passt sich an verschiedenste Lebensphasen an. Aus jungen Paaren werden alte, aus kinderlosen werden kinderreiche Familien, und die Liebe wächst mit. Aber manche Ereignisse sind so dramatisch, dass das nicht ohne Weiteres gelingt. Welche Ereignisse das sein können, hängt sehr von der Person und den Umständen ab. Wer zum Beispiel im falschen Moment auf unschöne Weise seine Arbeit verliert und vom Partner keine Unterstützung bekommt, weil dieser gerade mit einer anderen Aufgabe überfordert ist, der kann mit einem depressiven Schneckenhaus-Reflex reagieren und die Liebesverbindung kappen. Rückzug, stumpfes Funktionieren, äußere Gefühllosigkeit und inneres Leiden. Ein Schutzreflex, der aber für die Liebe gefährlich sein kann, wenn die Verbindung nicht beizeiten wieder geknüpft wird. Auf Dauer gelebt, ist das Einsamkeit zu zweit und die Liebe verwelkt.

Warnsignale

Liebesaffären sind oft ein Zeichen solcher Mangelsituationen: Da begegnen sich zwei, denen zu Hause eine bestimmte Zutat der Liebe fehlt, und finden beieinander genau das. Fast unwiderstehlich zieht es die beiden dann zueinander, es fühlt sich an wie das vollkommene Glück. Eigentlich ist es aber oft die lange vermisste Ergänzung zur unvollständigen Liebe, die sich so gut anfühlt. Und die eigentliche Aufgabe liegt darin, der alten, unvollständigen Liebe neuen Raum zu geben, dort eine Veränderung zu finden, damit die Ergänzung nicht mehr nötig ist. Denn viele, die sich von der ursprünglichen Partnerin bzw. vom ursprünglichen Partner trennen und mit der Affäre einen neuen Anfang machen, erleben mit Erstaunen, dass dort wiederum andere Elemente weniger entwickelt sind. Manche Liebesaffären markieren natürlich auch das Ende einer Beziehung. Manchmal ist von der alten Liebe nichts mehr übrig, und Trennung und Neuanfang sind für alle Beteiligten, auch beteiligte Kinder, das geringere Übel. Oft aber markieren sie Ausnahmesituationen und sollten als Warnsignal ernst genommen werden.

Schon bevor es zu einer Affäre kommt, gibt es solche Signale, und es lohnt sich, auch die kleineren von ihnen ernst zu nehmen: wenn zwei sich über lange Zeit nur noch über Organisatorisches unterhalten und persönliche Gespräche verstummen, wenn *ein* Thema immer wieder zu Konflikten führt, ohne dass eine Lösung in Sicht ist, wenn ein Hobby, ein Engagement, eine Aufgabe übermäßigen Raum einnimmt, wenn es immer weniger körperlichen Kontakt gibt, wenn es starre Koalitionen in der Familie gibt und ein Elternteil sich zum Beispiel immer auf die Seite eines Kindes schlägt, während das andere Elternteil nur kritisiert, wenn es keine Einigung darüber gibt, welche Rolle die Eltern und Schwiegereltern in einer Partnerschaft und Familie spielen sollen und die Lage immer wieder kritisch wird – all das können Warnsignale sein, die Vorstufe einer Ausnahmesituation.

Aber Achtung! Unangenehme Gefühle sind an sich noch keine Gefahr. Sie sind wie eine seelische Immunreaktion: So wie der Körper Schadstoffe durch Husten oder Fieberreaktionen abwehrt, so wehrt auch die Liebe Schädliches ab und verursacht dabei unangenehme Empfindungen wie das Gefühl von Einsamkeit oder Ungerechtigkeit, brennende Sehnsucht oder ängstlichen Rückzug. Das ist unangenehm, aber normal, ja geradezu gesund. Wer sich aber im Alltag der Liebe wie ein »Seismograf für die kleinsten Gefühlsbeben« bewegt, wer mit Argwohn auf die leiseste Unwucht im Räderwerk des Miteinanders achtet, läuft Gefahr, den Fokus vom Guten und Normalen auf das Schwierige zu lenken und eine selbsterfüllende Prophezeiung zu produzieren – das Gefürchtete tritt ein.

Deshalb empfehle ich einen halbjährigen Liebes-TÜV: Ein Paar-Gespräch in schöner Atmosphäre, bei dem beide die Gelegenheit haben zu erzählen, wie zufrieden sie gerade in den verschiedenen Bereichen der Beziehung sind.

Wie steht es mit Freundschaft, Partnerschaft und Leidenschaft? Alles im grünen Bereich? Das ist ein Grund zum Feiern! Warnsignale? Dann freudig an die Arbeit!

Machen Sie es wie beim Auto: Sie prüfen auch nicht vor jeder Fahrt die Bremsleitungen oder sehen sich an, ob der Zylinderkopf in Ordnung ist. Sie verlassen sich auf den TÜV, der regelmäßig angesetzt ist, und darauf, dass Sie zwischendurch schon merken werden, wenn etwas nicht in Ordnung ist. Wenn es rumpelt, blinkt oder piept, fahren Sie zur Werkstatt. Verlassen Sie sich auch bei der Liebe darauf, dass sie lebendig ist, und »benutzen« Sie sie mit Freude. Ein regelmäßiges TÜV-Gespräch hilft, Warnsignale früh zu entdecken, und ansonsten werden Sie schon merken, wenn es rumpelt.

In solchen Ausnahmesituationen ist es ratsam, es nicht gut sein zu lassen, sondern direkt etwas zu unternehmen. Allein oder mithilfe von Freunden oder – oft unterschätzt – mithilfe psychologischer Beratung lassen sich Verhärtungen wieder aufweichen, lassen sich Freundschaft, Partnerschaft, Leidenschaft wecken und entwickeln, lassen sich verloren gegangene Verbindungen wieder knüpfen.

Zusammengefasst

Die Liebe ist ein göttliches Gemisch aus Freundschaft, Partnerschaft und Leidenschaft. Die Liebe gut sein zu lassen, heißt, diese einzelnen Elemente anzuerkennen, ihre Spuren im Alltag zu finden und sich auf die Kraft der

Mischung zu verlassen. Jede Partnerschaft und jede Lebensphase hat ihre je eigene Mischung, und das ist gut so. Das Gleichgewicht ist also immer neu zu finden. Und sollte es einmal zu schwer zu finden sein, kann man sich auch ruhig dabei helfen lassen.

EXKURS: *GESPRÄCHSTHERAPIE – EINMAL TÄGLICH NACH DEM ESSEN*

Das Geheimnis gelingender Partnerschaften und Familien ist kein Geheimnis: Es kommt darauf an, wie die Beteiligten miteinander reden. Es gibt unzählige Theorien und Modelle zur Kommunikation, darunter viele sehr nützliche. Einigkeit besteht in der Forschung darüber, dass Kommunikation in zufriedenen Partnerschaften und Familien ein wichtigerer Faktor ist als Geld, Bildungsgrad oder auch Persönlichkeitstyp. Menschen können ähnlich oder sehr verschieden sein – wie sie miteinander reden, ist entscheidender als das, wie sie sind.

Dauernd muss geredet werden: Eltern miteinander, Eltern mit Kindern, Eltern mit Großeltern und außerdem noch mit Lehrerinnen, Trainern, Erziehern, Tanten und Nachbarn. Jede Menge Gelegenheit, sich das Leben leichter oder schwerer, eintöniger oder spannender zu machen.

Im Prinzip ist es einfach. Wer sich verstanden und angenommen fühlt, bleibt entspannter. Wer sich nicht angegriffen fühlt, muss sich nicht verteidigen. Wer mit ehrlichem Interesse und wohlwollender Neugierde gefragt wird, gibt gern Auskunft und entdeckt beim Reden oft selbst Neues. Gute Gespräche können wie eine gemeinsame Entdeckungsreise sein. Selbst Konflikte, die Königsdisziplin des Gesprächs, können sehr fruchtbar sein, wenn sie der Klärung statt der Verletzung dienen. Im Prinzip ist es einfach.

In der Praxis hingegen steht einem guten Gespräch viel im Wege. Äußerlich sind es Zeitmangel, Unterbrechungen, Müdigkeit, Hunger und andere ungünstige Umstände. »Keine Konflikte nach 22 Uhr« heißt deshalb eine Regel im Paarcoaching. Für angenehme und unangenehme Gespräche ist es hilfreich, dafür einen guten Ort zu finden (für manche ist es das Sofa, für andere ein Waldweg oder ein Restaurant) und die passende Zeit (gern eine halbe Stunde oder mehr – wenn es unangenehm wird: nicht zu lang!), am Abend oder nach dem Frühstück, je nach Lebensrhythmus. Nach einem gemeinsamen Essen noch sitzen zu bleiben und ein bisschen zu reden, ist für viele Familien ein wichtiges Ritual.

Innerlich gibt es mindestens genauso viele Hindernisse: Alte und neue Verletzungen, Missverständnisse, dringende Wünsche oder Konflikte können jeden und jede aus dem Gleichgewicht bringen und behindern die Hörfähigkeit. Das Gefälle zwischen Alt und Jung ist eine zusätzliche Herausforderung. Da kann ein gutes Gespräch wirklich zur Kunst werden.

Eine einfache, aber hilfreiche Vorstellung ist die des Gesprächsraumes. Jede Begegnung eröffnet einen Raum, der mit verschiedensten Dingen gefüllt werden kann: mit emotionalen Geschichten, mit Erklärungen, mit Wünschen, mit Vermutungen und Befürchtungen.

Wer eröffnet diesen Raum, wer betritt ihn, wer füllt ihn aus und womit? Alltägliche, eher belanglose Begegnungen sehen dabei oft so aus, dass Gesprächsräume eher zufällig und nebenbei eröffnet werden. Diejenigen, die sich darin befinden, füllen den Raum mit den Geschichten, die jeweils gerade obenauf liegen: »Weißt du, was mir gestern passiert ist ...?« – »So etwas Ähnliches habe ich auch schon mal erlebt ...« Andere typische Begegnungen eröffnen Gesprächsräume, die mit notwendigen Informationen gefüllt werden: »Hast du bei der Krankenkasse angerufen?« – »Noch nicht. Wer holt eigentlich die Kinder ab?« Diese Gespräche sind sozusagen das Betriebsgeräusch des menschlichen Miteinanders.

Ein Dialog aber, der die Qualität des gemeinsamen Lebens erhält oder verbessert, nutzt den Gesprächsraum anders: Da sind es zwei (oder mehr), die sich gegenseitig einladen, den Raum zu füllen, die sich dabei abwechseln und gegenseitig Aufmerksamkeit schenken.

Ein klassisches Beispiel dafür ist das Familiengespräch beim Abendessen, bei dem der Reihe nach jeder und jede von einem Höhepunkt und einem Tiefpunkt des Tages erzählt. Das kann man natürlich auch noch ergänzen und abwandeln. Ich weiß zum Beispiel von einer Wohngemeinschaft, die regelmäßig solche Runden gemacht und anschließend die »arme Sau der Woche« ausgerufen hat, also die Person mit dem bemitleidenswertesten Erlebnis. Diese Person wurde dann in der kommenden Woche besonders freundlich behandelt, musste nicht abwaschen und hat Frühstück ans Bett bekommen.

Das gleiche Prinzip gilt aber auch für Paargespräche (über angenehme oder unangenehme Themen) und Gespräche mit Kindern. Ein gutes Gespräch sorgt dafür, dass der Gesprächsraum gleichmäßig genutzt und mit passenden Themen gefüllt wird.

Wichtig dabei ist, dass sich alle gleichermaßen als Gastgeberinnen und Gastgeber in diesem Raum verstehen (eine Rolle, die Kinder am besten durch regelmäßiges Üben von ihren Eltern lernen). Das heißt: einladen, den Raum zu betreten, eine gute Atmosphäre schaffen und auffordern, sich auszubreiten. Das Zaubermittel dazu sind Fragen. Offene, interessierte Fragen. »Erzähl mir mehr davon.« – »Was meinst du genau?« – »Warum ist dir das so wichtig?« – »Wie ist das denn für dich gewesen?« usw. Die hohe Kunst ist dann, für die nächsten 30 Sekunden, während der/die Gefragte antwortet, die eigenen Kommentare zurückzuhalten. Im Idealfall sind alle in der Lage, diese Rolle einzunehmen. Das führt dann dazu, dass sich alle beim Reden und Zuhören abwechseln und sich mehr oder weniger von allein ein Gleichgewicht einstellt. Wenn jemand zu aufgeregt oder verstimmt ist, um dies durchzuhalten, kann es helfen, wenn man zeitweise die Rollen tauscht: Die weniger aufgeregte oder verstimmte Person übernimmt dann die Gastgeberrolle – zumindest so lange, bis die andere auch wieder in der Lage ist, zuzuhören. Wenn niemand Gastgeber ist, kommt es zum Talkshow-Effekt: Alle ringen um Redeanteile, fallen einander ins Wort, es wird nicht zugehört und wenn doch, dann nur um einen guten Anschluss für das eigene Argument zu finden. Wenn denn überhaupt geredet wird.

Experiment

Nehmen Sie sich mal eine Woche lang vor, jeden Tag jedem Mitglied ihrer Familie *eine* offene Frage zu stellen und es zum Erzählen aufzufordern. Hören Sie dann ein paar Minuten lang zu.
Beobachten Sie, was passiert:

- Wie reagieren die anderen?
- Welchen Effekt hat es auf Sie?
- Und was verändert es an der Gesamtstimmung?

Auch bei der Kommunikation gilt natürlich, dass es Idealsituationen (fast) nicht gibt. Es gibt nicht den perfekten Moment und die optimale Frage mit der idealen Reaktion. Wenn ein Gespräch halbwegs gelingt: Lassen Sie es gut sein!

DIE FAMILIE: *ZUKUNFTS-WERKSTATT ODER MUSEUM?*

Wenn Kindererziehung ein Dickicht ist und das Leben als Paar ein Irrgarten, dann ist das Zusammenleben als Familie ein tropischer Regenwald – ungleich größer und unüberschaubarer, aber auch dies: ein Lebensraum für unendlich viele verschiedene Arten. Es gut sein zu lassen in der Familie heißt, dem Brüllaffen wie dem Faultier einen Lebensraum zuzugestehen, den Paradiesvogel ebenso wie die Fledermaus im Blick zu behalten. Es gut sein zu lassen in der Familie, das ist eine Kunst.

Das Paar ist der Kern der Familie. So sagt es unsere Kultur und davon geht auch dieses Buch aus. Das soll nicht darüber hinwegtäuschen, dass andere Konzepte immer mehr Anerkennung finden: Gemeinsames Leben mit mehreren Familien, über mehrere Generationen hinweg und mit sehr unterschiedlich verteilten Rollen, Alleinerziehende, Wohngemeinschaften mit Kindern, Kollektive. Andere Lebensformen als die klassische Familie hat es schon immer gegeben, vom Kloster bis zum Kibbuz, vom Zölibat bis zur Polygamie. Es scheint, als wäre diese Vielfalt ein gutes Abbild der menschlichen Vielfältigkeit. Eine Lebensform – noch dazu zufällig die eigene – als die einzig Richtige zu proklamieren, wirkt angesichts dieser Vielfältigkeit geradezu einfältig.

Und doch ist es angemessen, die klassische Kernfamilie im Rahmen unserer Kultur als Ausgangspunkt zu wählen. Nicht nur, weil die Mehrzahl so lebt oder danach strebt, nicht nur, weil viele Lebensform-Experimente sich auf Dauer wieder diesem Modell zuwenden. Hauptsächlich deswegen, weil die Herausforderungen in der klassischen Familie die gleichen sind wie in anderen Lebensformen auch, vielleicht sogar noch deutlicher zutage treten. Man könnte fast sagen: Wer es in der Familie geschafft hat, schafft es überall.

Beispiel einer Rückkehr

Die Kibbuzim waren die ersten Siedlungen der Anfang des 20. Jahrhunderts »heimkehrenden« Juden im heutigen Israel. Sie waren streng sozialistisch, lebten ohne Privatbesitz und erzogen ihre Kinder gemeinsam.

Die Kernfamilie war quasi aufgelöst. Mit dem wirtschaftlichen Wachstum in Israel kam auch eine Tendenz zur Individualisierung, die Kinder und Enkel der ersten Siedler verließen die Kibbuzim, um in den Städten ein »normales« Leben zu führen.

Heute kehren viele als Kleinfamilien in die Kibbuzim zurück, auf der Suche nach einem ländlicheren Leben. Die israelische Variante des Bullerbü-Komplexes?

Die Familie ist kein Museum verstaubter Werte, sondern, wie wir sehen werden, ein sehr wandelbares Gebilde, ein lernendes Wesen, eine Entwicklungswerkstatt. Viele Menschen genießen ihr Familienleben in vollen Zügen. Viele andere leiden extrem unter dem, was in ihrer Familie geschieht oder geschehen ist. Das Glanzbild von Bullerbü hilft nur begrenzt weiter, wie wir gesehen haben. Aber wie kann es gelingen, in einer Familie Bedingungen für gute Entwicklungen zu schaffen? Wie kann man Familie gut sein lassen?

Werte gut sein lassen

Eine erste Maßnahme für ein gelingendes Familienleben ist ein bewusster Werte-Check. Leben wir wirklich so, wie wir es gut finden? Oder folgen wir unbewusst alten Aufträgen, die sich schon längst erledigt haben?

»Die Kinder sollen es einmal besser haben als wir« – Was denn?!? Noch besser?

»Die Kinder sollen es einmal besser haben als wir« ist zum Beispiel ein Motto, das für Eltern in den Jahrzehnten nach dem Zweiten Weltkrieg sehr nachvollziehbar war. Es herrschte Mangel, das Land war im Aufbau, ihnen selbst hatte der Krieg viele Möglichkeiten genommen. Den Kindern den Weg in den Wohlstand zu ebnen, erschien wie ein gutes Ziel. Kinder wurden finanziell gut ausgestattet, wurden auf Bildungswege geschickt, durch Karrieren begleitet.

Heute wurde Wachstum längst durch Überfluss abgelöst, aus verbesserten Bildungschancen wurde ein Abitur für (fast) alle. Dennoch verhalten sich viele Eltern nach wie vor so, als wären sie noch in der Nachkriegszeit, überhäufen ihre Kinder mit Dingen, die niemand braucht, und setzen sie auf die Warteliste für den mehrsprachigen Kindergarten. Sie führen das fort, was sie selbst bei ihren Eltern als gut erlebt haben, ohne zu überprüfen, ob dieselben Werte auch heute noch tragen. Viele, direkt gefragt, würden sich zum Beispiel für Werte wie Nachhaltigkeit, Bescheidenheit und Klarheit aussprechen (vielleicht sogar mit dem Hinweis auf die Grundwerte des christlichen Glaubens), aber unter dem Weihnachtsbaum sieht es aus, als wüssten sie nicht wohin mit dem ganzen Geld.

Andere hatten vielleicht eher Eltern, die im Schwung der 1968er-Jahre mit Konventionen aufgeräumt haben und für Toleranz und Offenheit eingetreten sind, die statt autoritärer Erziehung auf Mitbestimmung gesetzt haben. Sie sind ausgebrochen aus der Enge einer Gesellschaft, die Frauen benachteiligt und Sexualität verteufelt hat. Die Kinder wurden angeregt, sich eine eigene Meinung zu bilden, zu widersprechen, selbstbestimmt, statt fremdbestimmt zu sein. Heute ist die Welt aber eine andere: pluralistisch, säkular, postmodern, unendliche Weiten. Angesichts einer fast unüberschaubaren Offenheit fällt es schwer, sich zu orientieren, die westliche Welt leidet eher an grassierendem Egoismus als an zu starren Konventionen. Dennoch verhalten sich viele Eltern nach wie vor so, als wären sie in den 1968ern. Sie schrecken vor allem zurück, was zu sehr nach »Macht« klingt, beteiligen die Kinder an den kleinsten Alltagsentscheidungen und verzweifeln an sinnlosen Diskussionen über die richtige Farbe der Zahnbürste, ohne die das Abendritual nicht stattfinden kann. Direkt gefragt, würden sie vielleicht von Werten wie Respekt und maßvollem Miteinander sprechen (vielleicht sogar mit dem Hinweis auf ihr Gottesbild), aber in der Beziehung mit den Kindern sieht es eher aus wie in einer basisdemokratischen Kommune.

Werte-Check-Partnerübung

Schreiben Sie zunächst Werte auf, die Sie kennen, alles was Ihnen einfällt von »Gehorsam« über »Freundlichkeit«

bis »Solidarität« – oder nutzen Sie die Liste unten. Schreiben Sie jedes Wort auf einen kleinen Zettel. Dann ordnen Sie die Worte nach Wichtigkeit (es darf gern diskutiert, gefragt, begründet und verschoben werden). Schließlich wählen Sie zwei bis drei Standardsituationen Ihres Alltags aus (Abendessen, Geburtstagsfeier, Wochenendausflug ...) und überprüfen Sie, ob Ihre Werteordnung dort sichtbar wird.
Wenn ja: Herzlichen Glückwunsch! Wenn nicht: Wie würden diese Situationen wohl aussehen, wenn Sie täten, was Sie gut finden?

Beispiele für Werte sind:
Achtsamkeit, Dankbarkeit, Demokratie, Demut, Disziplin, Ehre, Ehrlichkeit, Erfolg, Freiheit, Geld, Gerechtigkeit, Gesundheit, Glaubensfreiheit, Glück, Harmonie, Integrität, Lebensfreude, Leistung, Liebe, Loyalität, Macht, Nationalismus, Nächstenliebe, Opferbereitschaft, Perfektion, Pflichterfüllung, Reinheit, Selbstbestimmung, Status, Toleranz, Umweltbewusstsein, Vergnügen, Würde, Zufriedenheit

---

Ein Werte-Check ist das Erste, was es braucht. Welche Werte haben wir und nach welchen leben wir? Vieles tun wir unbewusst, als soziale Erben unserer Eltern, die in einer anderen Zeit Eltern waren. Wer sich die Widersprüche dieses Erbes mit den Anforderungen der heutigen Zeit bewusst macht, hat einen entscheidenden Schritt getan. Damit ändert sich zwar nicht sofort ein ganzer Alltag, und manche Reflexe brauchen auch eine Weile, bis sie verschwinden. Aber es ist ein erster, gesunder Selbstzweifel gesät und ein erster, noch gesünderer Meilenstein gesetzt für die eigenen Werte, die gelten sollen.

Es gut sein zu lassen mit den Werten, die das Zusammenleben in einer Familie prägen, heißt zunächst einmal, sich von der Illusion zu verabschieden, es gäbe nur das eine geltende Set, das es zu finden und zu verwirklichen gilt. Das Erbe der Eltern und den Wandel der Zeiten gleichermaßen anzuerkennen heißt, es gut sein zu lassen mit dem Anspruch, ein für alle Mal den richtigen Weg zu finden. Einen guten Weg für dieses Mal zu finden, das geht trotzdem.

»Unsere Kinder sollen ganz für sich selbst entscheiden« – Geht doch gar nicht!

Im Familienleben geht es ständig darum, was eigentlich wichtig ist und was nicht, wer was gut findet und was nicht. Es geht um Werte. Schon der letzte Abschnitt hat gezeigt, dass es mit den Werten aber nicht so einfach ist. Selbst die guten Werte der Eltern können wir nicht unbedacht übernehmen. Oft wissen Mütter und Väter selbst nicht so genau, was richtig ist, und vieles stellt sich ja auch erst im Nachhinein heraus. Trotzdem müssen sie dauernd Entscheidungen treffen – für sich selbst, für einander und für ihre Kinder. Welche Geschenke zu Weihnachten und zum Geburtstag? Und wie viele? Handy ab wie vielen Jahren? Und wie lange am Tag? Vegetarisch leben? Am Sonntag in die Kirche? Oder doch Fußball? Wen laden wir zur Konfirmation ein und wen nicht? – Lauter Entscheidungen, die laufend kommentiert werden und die ganz konkrete Folgen im Alltag haben. Manch einer fühlt sich dabei wie ein aus Versehen frisch gewählter Fußballbundestrainer auf seiner ersten Pressekonferenz. Wie kann man das gut sein lassen?

Eine klassische Reaktion vieler Eltern ist die Flucht in die Pseudo-Toleranz: »Unsere Kinder sollen selbst entscheiden, was sie wichtig finden, deshalb machen wir keine Vorgaben.« Das klingt erst einmal gut, weil Werte wie »Freiheit« und »Selbstbestimmung« anklingen. In Wirklichkeit sind das aber Schutzbehauptungen, die verunsicherte Eltern davor bewahren sollen, unangenehme Entscheidungen zu treffen und zu vertreten. Zwei Beispiele dazu: Religion und Umgang mit Medien.

Religionsfreiheit

Die Freiheit, über die eigene Religion selbst bestimmen zu können, ist eine große Errungenschaft moderner Gesellschaften. Verfolgung und Unterdrückung aufgrund des Glaubens gehören bei uns (zumindest theoretisch) der Vergangenheit an. Eltern, die ihre Kinder zum Beispiel nicht taufen lassen, führen das Argument der Religionsfreiheit an, wenn sie erklären, warum sie ihre Kinder nicht ermuntern, die Jugendangebote der Kirche in Anspruch zu nehmen. »Unsere Kinder sollen selbst entscheiden, was sie glauben und was nicht«, hört sich außerdem nach einem gleichberechtigten Miteinander an und nach einem großen Entwicklungsspielraum. Statt einer christlichen Prägung, die vielen konservativ erscheint und in manchen Kreisen ein lebensfeindliches, genuss- und körperfernes Image hat, wünschen sie sich weltoffene, tolerante, lebensfrohe Kinder. So weit, so gut.

Weltoffenheit, Toleranz und Lebensfreude entwickeln sich aber auch nicht durch die Abwesenheit von Religion. Es sind Werte, die aktiv gelebt und geprägt werden müssen, um Kinder zu beeindrucken. Auch hier braucht es Leitsätze, Vorbilder, vielleicht sogar Rituale, die diese Werte tragen und mit der Zeit festigen. Solche Wertesammlungen finden sich an vielen Stellen, vom Umweltschutzverband über den Judoverein bis zum Bund für Heimatvertriebene oder dem ADAC. Allerdings mit sehr unterschiedlicher Gewichtung. Demokratisch oder demagogisch, Umweltschutz oder Umweltschmutz – alles geht. Wo werden Ihre Werte gelebt?

Das ist eine wichtige Frage, denn Werte halten sich nicht lange im luftleeren Raum auf. Wenn es keine Orte, keine Worte, keine Bewegungen gibt, können sich die Werte an nichts festhalten,[32] sie verkümmern und verschwinden.

Eine Entscheidung gegen einen Verein (sei es gegen die Kirche oder den ADAC) ist noch nicht gleich eine Entscheidung für etwas anderes. Es ist zunächst nur eine Entscheidung für einen Freiraum, der dann anders gefüllt werden will. Und wenn die Eltern es nicht tun, tun es andere. Die Medienwelt ist voller Werte-Angebote – nicht alle fördern die seelische Gesundheit. Eltern, die sich bei der Werte-Prägung zurückhalten, geben anderen Raum. Im schlimmsten Fall vermitteln sie ihren Kindern: »Es ist egal, was dir wichtig ist.«

Was für Werte gilt, gilt auch für den Glauben. Wer sich entscheidet, Kinder *nicht* aktiv mit der Kirche in Verbindung zu bringen, trifft ebenso eine Vorentscheidung wie Eltern, die das tun. Beides kann unheimlich sein. Setzt man Kinder also entweder der Gefahr aus, im Staub der Traditionen spirituelle Atembeschwerden zu bekommen, oder lässt man sie zu Menschen heranwachsen, die keine eigene Verbindung zum Urgrund so herrlicher Dinge wie »Nächstenliebe«, »Vergebung« und »Gnade« haben?

Ich würde es lieber andersherum formulieren: Alle Prägung ist zwar einseitig und keine ist ohne Nebenwirkungen. Aber Kinder profitieren davon, wenn Eltern zu ihren (halbfertigen) Werten und Glaubensüberzeugungen stehen. Von da aus finden sie leichter ihren eigenen Weg weiter durchs Leben.

Wegsuche

Als ich mich in meiner Jugend zum Beispiel mal wieder nicht entscheiden konnte, was ich glauben sollte, sagte ein guter Diakon zu mir: »Probier doch erst mal diesen Standpunkt aus! Wer seinen Standpunkt nicht kennt, findet auch keinen Weg weiter.«

Religionsfreiheit beschreibt die Freiheit zur Religion, nicht von ihr. Wenn Sie Ihren Kindern die Kirche nicht zumuten wollen, zeigen Sie ihnen aktiv und möglichst anschaulich, woran *Sie* glauben. Prägen Sie zur Not halbherzig! Und lassen Sie es gut sein mit den Skrupeln, Sie könnten dabei etwas falsch machen. Das machen Sie sowieso. Aber eine menschliche, d. h. unvollkommene Prägung ist hundertmal besser als der Verzicht auf den Versuch.

Medienkompetenz

Ein weiterer Bereich verbreiteter Unsicherheit ist der Umgang mit Medien. Bildschirmzeit? Smartphone ab der 2. Klasse? Eigener Netflix-Account?

Kein Wunder, dass Eltern verunsichert sind und sich oft wie digitale Analphabeten vorkommen. Wer vor dem Jahr 2000 geboren wurde, ist nicht mit der Allgegenwart des Internets aufgewachsen. Wie sollen sich da Werte entwickeln, auf denen die Erziehung heutiger Kinder sicher stehen kann? Alle Eltern probieren herum. Forschungen und Vermutungen wachsen wild durcheinander, nichts ist gewiss. Außer, dass ohne Medienkompetenz heute kaum noch etwas geht – das Suchen und Vermitteln von Informationen, Kommunikation mit Freunden und Kollegen, einkaufen, reisen, sich orientieren. Und auf der anderen Seite sind sich viele sicher, dass bewährte Bereiche menschlicher Entwicklung durch das Hocken vor dem Bildschirm oder das über das Handy gebeugte Gehen bedroht sind. Die motorische, musikalische, soziale Entwicklung läuft mit digitalen Medien anders als ohne. Rechtschreibung, Handschrift, Konzentrationsspanne sind beeinflusst. Was ist also gut?

Eltern müssen sich entscheiden, ohne alles zu wissen. Und wieder gilt: Halbwegs gute Regeln sind besser als keine. »Die Kinder müssen selbst ihre Grenzen kennenlernen« ist eine Pseudo-Pädagogik, die bedeutet, der Grenzenlosigkeit des Internets die Prägung zu überlassen. Es gut sein zu lassen mit dem eigenen Halbwissen und der eigenen Vorläufigkeit ist hier die entscheidende Grundvoraussetzung. Wer warten will, bis die eigene Haltung ausgereift, das Wissen vollständig, das Gefühl absolut sicher ist, kann lange warten.

Schöne Bescherung: Der Weihnachts-Werte-Wahnsinn

Eine Nagelprobe für den Platz der Werte in einer Familie und zugleich eine Zeit, in der sich der Bullerbü-Komplex von seiner deutlichsten Seite zeigt, ist Weihnachten. Ein Fest, das randvoll gestopft ist mit familiären Erwartungen, mit Glanzbildern und Hoffnungen, wie sie unerfüllbarer und widersprüchlicher kaum sein können. Kein Wunder also, dass der landesweite Verbrauch von Kopfschmerztabletten rasant ansteigt, sobald die Weihnachtslieder durch die Fußgängerzonen hallen.

Einerseits soll Weihnachten romantisch und nostalgisch sein: Kerzenschein und Ruhe, besinnliches Beieinandersitzen, die Kinder lauschen den alten Geschichten, die Alten schauen himmelwärts. Andererseits gibt es kein Weihnachten ohne die Statistik des Einzelhandels: Es wird gekauft, konsumiert, bestellt und geliefert, bis das dreizehnte Monatsgehalt verpufft ist, die alljährlich gemurmelten Vorsätze von »diesmal weniger Geschenke« finden keinen Raum in der Herberge des Kapitalismus. Alle haben Stress.

Einerseits ist Weihnachten ein Fest der Familie, alle denken friedvoll aneinander, alle sollen sich freuen und einen schönen Abend verbringen plus einen festlichen Brunch, plus einen Schneespaziergang, plus noch ein Kaffeetrinken. Andererseits ist Weihnachten das Gruselfest der Alleinstehenden, das Trauerfest der Kinderlosen und Hinterbliebenen, das Schmerzensfest der getrennten Familien, die Lotterie der Verteilung anstrengender Verwandter, die Zeit der überforderten Kinder, unfähig, sich noch etwas zu wünschen, genervt von Danksagungsübungen.

Weihnachten ist Bullerbü mit den Mitteln des Kapitalismus und vielerorts das Fest der scheinheiligen Familie. Jedenfalls, wenn die Werte schief sitzen, wenn nicht klar ist, was wichtig und was nebensächlich ist.

Ein Weihnachtsupgrade, das sich lohnt, orientiert sich an Werten. Wenn es das Miteinander in der Familie ist, was im Zentrum der Feier stehen soll, dann sollten auch alle mitbestimmen, dann sollten die Tage mit Dingen gefüllt sein, die allen Freude machen, und sich nicht nach lästigem Pflichtprogramm anfühlen. Dann kann man auch lieber an einem anderen Tag in die Kirche gehen, mit denen, die Lust haben. Vielleicht ein Familienurlaub über die Feiertage? Wenn die Besinnung über die Geschichten von Jesus und Maria wichtig sind, dann brauchen sie genug Zeit und Raum, dann können ein paar Verwandtenbesuche wegfallen, dann reicht ein Geschenk pro Person (die Wichtel-Methode vielleicht?), dann kann es eher ein Gottesdienst mehr sein, auch der am ersten Feiertag. Wenn es eher ein Fest der Hilfe für die sein soll, die sonst keine Hilfe bekommen, dann ist es vielleicht gut, Geld und Zeit auf solche Projekte zu verwenden und sich ansonsten von der Anstrengung auszuruhen.

Es gibt viele gute Möglichkeiten, es gut sein zu lassen mit dem Weihnachtsfest, viele Weihnachten, die besser sind als die Konsumschlacht und die Diktatur der scheinheiligen Familie. Die Kunst ist, sich mit einer dieser Möglichkeiten zufriedenzugeben. Vielleicht auch von allem ein bisschen, solange es dann nicht perfekt sein muss und es die offizielle Erlaubnis gibt, einer Veranstaltung fernzubleiben, ein Geschenk nicht besorgt zu haben oder doch etwas Einfaches zu kochen. Wer alles gleichzeitig zu 100

Prozent versucht, tappt in die Falle. Und im Dunkeln. Wie sieht Ihr Weihnachtsupgrade aus?

Stark im Wandel – ein Lob auf die Vorläufigkeit

Wie soll man aber mit Werten umgehen, die nicht fertig sind? Am besten so, als wären sie *noch* nicht fertig. Bevor etwas gut ist, ist es meistens erst mal nicht so gut. Bevor es fertig ist, ist es noch nicht fertig. Viele Eltern erwarten von sich selbst, fertig sein zu müssen in dem Moment, wo sie Verantwortung für Kinder übernehmen. Dabei fängt das Lernen da oft erst an. Lassen Sie es also gut sein mit Ihrem Anspruch, immer souverän zu sein. Es reicht, wenn Sie Ihre Verantwortung als Eltern annehmen.

Das Miteinander in der Familie geht viel besser, wenn es dieses Lernen ganz offiziell geben darf, wenn eine Entwicklung, eine Veränderung eingeplant ist. Dafür ist es wichtig, Regeln vorläufig zu formulieren: »Wir probieren jetzt mal aus, wie es ist, wenn du nicht mehr als 45 Minuten am Tag mit dem Handy spielst.« – »Wollen wir mal schauen, wie es dir bei den Pfadfindern gefällt?« – »Ich würde gern mal versuchen, ob wir eine gute Art finden, mehr Ordnung im Haus zu schaffen.« Solche Sätze klingen viel weniger bedrohlich und unumkehrbar als »Ab heute machen wir es so …!«.

Dazu gehört natürlich auch, immer mal ein Zwischenfazit zu ziehen, und zwar nach einer angemessenen Zeit, die genug Raum gelassen hat, wirklich etwas auszuprobieren, und die zugleich nicht so weit vom Erstellen der neuen

Regel entfernt ist, dass sich niemand mehr erinnert. Also: »Wir haben das jetzt zwei Wochen probiert mit den neuen Handy-Zeiten. Ich würde gern mal wissen, wie du das fandest.« Oder: »Mir ist aufgefallen, dass es im letzten Monat deutlich ordentlicher bei uns war. Ihr habt mehr mitgeholfen. War das anstrengend?« Solche Fragen dürfen nicht rhetorisch sein. Die Kinder und Erwachsenen, für die Regeln gelten sollen, müssen die Gelegenheit haben, sich etwas zu wünschen, die Regeln anzupassen. Oder, wenn es nicht so gut gelaufen ist, noch mal etwas anderes auszuprobieren.

Ein Lob auf die Vorläufigkeit! Sie hilft uns dabei, kleinere Brötchen zu backen und das gemeinsame Leben machbarer zu machen.

Wer braucht was, wann, wie?

Wie einverstanden sind Sie mit dem folgenden Satz?
Ausreichend Schlaf, regelmäßig zu essen und Liebe – wenn Eltern ihren Kindern das geben, haben sie schon 80 Prozent richtig gemacht.

Eins ist sicher: Nichts bleibt, wie es ist. Zwei Menschen in ihren 30ern, die mit drei Kindern zwischen 1 und 6 zusammenleben, sind eine vollständig andere Konstellation als zwei Menschen Ende 40, deren drei Kinder 14, 17 und 20 sind. Dabei können es genau dieselben Menschen sein. Gemeinsam als Familie zu leben bedeutet, dass Bedürfnisse und Beziehungen beständig stark im Wandel sind. In diesem Wandel stark zu sein, gelingt am besten, wenn das Gefüge fest, aber nicht starr ist. Wenn Bewegung und Veränderung explizit erwartet werden. »Ich bin gespannt, wie es dir geht, wenn du auf die neue Schule kommst.« – »Würde sich eigentlich für dich viel verändern, wenn wir die Zimmer tauschen würden?« – »Was wird das ausmachen, wenn wir nicht mehr zusammen frühstücken?«

Die Entwicklungspsychologie bietet viele Modelle, die beschreiben, wie wichtig, notwendig und zugleich unvermeidlich Veränderung ist. Neuere Modelle sprechen von »multimodalen Prozessen« oder »gemeinsamen sozialen Konstruktionen« von Lebenswegen und Biografien, klassische Modelle verwenden eher Bilder von »Stufen der Entwicklung« oder der »Reifung« einer einzelnen Persönlichkeit. Die modernen kommen vielleicht der komplizierten Wirklichkeit näher, die klassischen sind oft zu vereinfachend, haben aber den Vorteil, oft leichter verständlich zu sein. Im Folgenden will ich versuchen, eines dieser klassischen Modelle ein wenig zu erweitern, es quasi zu modernisieren, um das zu erklären, was hier zentral ist: die Veränderung als verlässliche Größe.

Ein klassisches und besonders hilfreiches Modell stammt von Erik Erikson.[33] Zum einen ist es einfach und umfassend zugleich, zum anderen benennt es die großen Aufgaben, die sozusagen im Hintergrund des Alltagslebens zu bewältigen sind. Zu diesen Aufgaben gehört jeweils eine große Lebensfrage:

0–1 Jahre	Urvertrauen aufbauen	»Bin ich sicher?«
1–3 Jahre	Eigensinn entwickeln	»Was will ich?«
3–5 Jahre	Initiative zeigen	»Was gibt es zu entdecken?«
5 Jahre-Pubertät	Fähigkeiten erweitern	»Was kann ich lernen?«
Jugend	Ich-Identität ausprägen	»Wer bin ich?«
frühes Erwachsenalter	Initimität und Freundschaft leben	»Zu wem gehöre ich?«
Erwachsenalter	Fürsorge üben	»Für wen bin ich da?«
reifes Alter	Annahme lernen	»Was bedeutet mein Leben?«

Es leuchtet ein, dass jede dieser Phasen ihre eigenen Chancen und Risiken hat und vor allem ganz eigene und spezielle Bedürfnisse. Erikson zeigt auf, was schiefgehen kann, wenn ein Mensch eine dieser Entwicklungsaufgaben nicht meistert. Was passiert, wenn man sozusagen auf einer Stufe stecken bleibt. Aber auch, wie sich ein Baby von Stufe zu Stufe weiterentwickeln und im Alter eine reife Persönlichkeit werden kann. Und was und vor allem wen man dazu braucht.

Mit diesem Modell beschreibt Erikson hauptsächlich den einzelnen Menschen in seiner Entwicklung. Und das ist ja eigentlich schon kompliziert genug. Wenn wir uns jetzt noch klarmachen, dass verschiedene Menschen zusammenleben, die jeweils zu verschiedenen Zeiten verschiedene Phasen durchleben, die versuchen, verschiedene Aufgaben zu lösen und dabei auch noch aufeinander angewiesen sind – dann wird es unüberschaubar. Und es wird deutlich, dass es hier nicht um einen perfekten Plan gehen kann, in dem alle Bedürfnisse aller Beteiligten ununterbrochen erfüllt werden.

Das ist auch gar nicht nötig. Wenn aber alle in der Familie immer mal wieder genug Raum zur Veränderung bekommen, wenn die menschlichen Grundbedürfnisse regelmäßig gestillt werden, dann entwickeln sich die allermeisten Menschen auf sehr natürliche Weise und kommen ziemlich gut durchs Leben. Mit ein paar Macken und Schrammen sicherlich. Aber es geht ja auch nicht darum, am Ende des Lebens wie neu zu wirken. Lassen Sie es gut sein miteinander.

Umgang mit den alten Eltern

Ein besonderes Thema in diesem Familiengefüge, das unter Eltern für viel Gesprächsstoff sorgt, ist der Umgang mit den eigenen Eltern, den Großeltern der Kinder. Wenn die

Kinder klein sind und die Großeltern sich noch an die neue Rolle gewöhnen, sind sie oft noch mit der Frage der Fürsorge beschäftigt, in die die Eltern der Kinder gerade hineinwachsen. Viele Eltern sind dankbar, ja sogar angewiesen auf die Unterstützung der Großeltern, und viele Großeltern finden einen guten Ton, wenn sie versuchen, ihre Erfahrungen weiterzugeben. Oft verbindet der gemeinsame Blick auf die neuen kleinen Menschen die Eltern und Großeltern auf gute, neue Weise: Die frisch gebackenen Eltern erleben eine neue Dankbarkeit für die Mühen der Familienarbeit, die ihre eigenen Eltern, die heutigen Großeltern, damals geleistet haben. Die Großeltern erleben voller Stolz, wie ihre einst kleinen Kinder nun selbst Eltern werden und ihre neue Rolle ausfüllen. Manche alten Konflikte und Verspannungen lösen sich da wie von selbst.

Nicht selten gibt es aber auch Spannungen, wenn die Rollen nicht klar sind. Wenn die Großeltern die Eltern wie Kinder behandeln statt wie Erwachsene und damit deren Unsicherheit noch verstärken, die mit der neuen Elternrolle kommt. Oder wenn Eltern keinen Rat annehmen können und den Großeltern den Respekt vor ihrer Lebenserfahrung verweigern. Komplizierte Beziehungen werden zuweilen noch komplizierter, besonders wenn die Erwartungen sehr groß sind. Und wiederum geht es hier nur um die klassische Kernfamilie. Von unerwünschter Kinderlosigkeit, von kranken Kindern, von großen Entfernungen zwischen den Familienmitgliedern, von getrennt lebenden Großeltern und anderen anspruchsvollen Lebensbedingungen habe ich gar nicht gesprochen. Der sogenannte »Normalfall« ist schon komplex genug, um zu zeigen, dass es nicht die eine Antwort auf alle Fragen geben kann.

Später, wenn die Kinder selbstständiger sind und die Großeltern entsprechend älter, beginnt sich das Gefüge erneut zu verschieben: Kinder und Großeltern bewegen sich in eine neue Lebensphase. Die Kinder entfernen sich oft, die Großeltern müssen sich mit Begrenzungen auseinandersetzen. Die ganze Familie wird unaufhaltsam älter. Da sind viele Abschiede zu vollziehen, und manchmal ist das schmerzhaft: Abschiede von den Kindern, von einer Lebensphase, von der Gesundheit und der näher rückende Abschied von den alternden Eltern. Wer sorgt jetzt für wen? Wer braucht was?

Wiederum ist offensichtlich, dass nicht alle Bedürfnisse immer erfüllbar sind. Aber manche eben immer mal wieder. Wichtig bleibt, es gut sein zu lassen. Wer in dieser Zeit am Bullerbü-Komplex leidet, hat es schwerer. In Bullerbü gibt es die Alten kaum. Und wenn doch, scheint es ihre Aufgabe zu sein, sich an den Kleinen zu freuen, dankbar zu sein und ansonsten nicht im Wege rumzustehen wie der blinde Großvater von Britta und Inga auf dem Nordhof. In den Bullerbü-Büchern ist natürlich nicht die Rede von verheimlichten oder dramatisierten Erkrankungen, von immer gleichen Gesprächen, von schlechtem Gewissen und zu wenig Zeit, vom Dilemma der Pflegebedürftigkeit und so weiter.

Es gut sein zu lassen mit den Anforderungen, die das Älterwerden einer Familie mit sich bringt, bedeutet, immer wieder neu auszuprobieren, was im Moment am besten funktioniert, und damit zu rechnen, dass es nicht hundertprozentig und nicht von Dauer sein kann. Und sich darauf zu verlassen, dass sich ein neuer Weg finden wird, wenn der alte zu Ende geht.

Patchwork gut sein lassen

Was für die klassische Kernfamilie gilt, gilt für die Patchworkfamilie erst recht: Sie gelingt am besten da, wo Menschen miteinander lernen, es gut sein zu lassen. Wo Paare die Summen aus Leidenschaft, Partnerschaft und Freundschaft großzügig zusammenrechnen, haben auch die vergangenen und oft doch gegenwärtigen Verbindungen einen guten Platz. Patchwork-Paare haben häufig einen besonderen Bedarf an Eindeutigkeit, weil so vieles vielschichtig ist. Da ist es gesund, sehr klare Grenzen zwischen den alten und den neuen Beziehungen und Orten zu ziehen, neue Anfänge deutlich zu markieren.

Zugleich wäre es eine Illusion, zu glauben, dass Menschen, mit denen man viele Jahre seines Lebens geteilt hat, gemeinsame Kinder hat, schöne und schwere Zeiten erlebt hat, plötzlich keine Bedeutung mehr haben. Und das gilt für jeden Punkt auf der Gefühlsskala: Vertrauen kann ebenso starke Verbindungen schaffen wie Hass, natürlich mit sehr verschiedenen Auswirkungen auf die seelische Gesundheit. Die alte Beziehung braucht also Platz im neuen Leben. Das heißt überhaupt nicht, dass es regelmäßige persönliche Kontakte und eine gepflegte Freundschaft geben muss – wenn es nicht wegen gemeinsamer Kinder nötig ist, kann (ggf. dauerhafter) Abstand sehr gut sein. Aber die alte Beziehung braucht Anerkennung. Es muss Zeiten für Erinnerungen geben, Möglichkeiten, über das Vergangene zu sprechen, schwankende Stimmungen müssen erlaubt sein. Verlangen Sie also am besten nicht von ihrer Partnerin bzw. ihrem Partner, die alte Liebe spurlos aus dem Leben zu entfernen, und verlangen Sie es auch nicht von sich selbst. Finden Sie vielmehr einen guten Platz für das Alte inmitten des Neuen.

Diese Anerkennung des Alten ist wichtig für die neue Liebe. Und mindestens so wichtig ist sie für die neue Eltern-Partnerschaft. Eines der schwierigsten Kunststücke in Patchworkfamilien ist es, den Kindern zu vermitteln, dass sich ein Liebespaar trennt und ein neues findet, während jedoch die ursprünglichen Elternpaare bestehen bleiben. Kinder müssen verstehen, dass sich keines der Elternteile von ihnen getrennt hat. Dieses Selbstverständnis, von beiden Eltern geliebt zu sein, ist ein Grundpfeiler seelischer Stabilität. Diese Botschaft ist aber kaum eindeutig herzustellen, weil die Kinder doch meist von einem der Eltern getrennter leben als vom anderen. Wenn dann noch eine neue Partnerin oder ein neuer Partner mit eigenen Kindern dazukommt und diese Kinder ebenfalls Platz im Alltag beider Eltern brauchen, kann es schnell unübersichtlich werden. Patchwork-Eltern können hier keine einfache Welt à la Bullerbü herstellen, und jeder Versuch mündet schnell in einem Harmonie-Krampf. Was sie aber tun können, ist anzuerkennen, dass eine gute, liebevolle Elternschaft mit den früheren Partnern für die Kinder aus den ersten, ursprünglichen Familien für alle gut ist. Den abwesenden leiblichen Elternteil nicht vor den Kindern schlechtzumachen, ist das Mindeste. Wohlwollend von ihm zu sprechen, noch besser. Und großzügig Zeit einzuräumen für Verabredungen, für gemeinsame Zeiten der leiblichen Eltern mit den eigenen Kindern (zusammen oder einzeln, je nach dem Grad der verbliebenen Freundschaft). Auch wenn diese dann der neuen Familie nicht zur Verfügung steht. Es ist offensichtlich, dass dieser vielschichtige Balanceakt immer nur zum Teil gelingen kann. In Patchworkfamilien braucht es viel Klarheit und Auseinandersetzung, und es braucht viel Gnade. Mit einem überhöhten Anspruch, nach der Trennung das neue Bullerbü zu erschaffen, gelingt das nicht. Mit Menschen, die lernen, es täglich gut sein zu lassen, schon eher.

Kinder, die in Patchwork-Konstellationen groß werden, sind eines Tages Erwachsene und tragen die Geschichten mit sich, prägen ihre eigenen Kinder. Es macht einen Unterschied, ob es ihnen gelingt, mit dem zu leben, was in ihren Familien eben möglich war, oder ob sie vorwurfsvoll an dem Anspruch auf eine gute Kindheit im Bullerbü-Stil festhalten.

Auch Menschen, die selbst in klassischen Konstellationen leben, aber mit Eltern oder Kindern aus Patchworkfamilien zu tun haben, können einen wichtigen Beitrag leisten, indem sie diese Familien gut sein lassen. Indem sie keinen Wettbewerb um den kürzeren Weg nach Bullerbü eröffnen. Verzichten Sie auf vergleichende, bewertende Kommentare, sprechen Sie, wenn möglich, wohlwollend über alle Beteiligten. Es ist nicht die organisatorische Form einer Familie, die über ihre Qualität entscheidet. Es ist vielmehr die Liebe, die im Miteinander Platz hat.

Also: Patchworkfamilien sind keine modernen Verwirklichungen des alten Bullerbü-Traums, sondern Familien mit besonderen Herausforderungen, was diese Balance angeht. Deshalb sollten sie es besonders gut sein lassen.

Lieber Ismael, lieber Isaak,

(da geht es schon los: Wen nenne ich zuerst? Den Erstgeborenen oder den Bevorzugten?) – Ihr seid vielleicht die ersten Halb-Brüder, deren Patchwork-Familiengeschichte so gut bekannt ist und bis heute weltpolitische Folgen hat, weil die Frage »Wer gehört zu wem?« nicht gut geklärt werden konnte.
Ismael, Du bist der erstgeborene Sohn Abrahams, geboren von Hagar, der Magd von Abrahams Frau Sara, die keine Kinder bekommen konnte. Sara hat Hagar Abraham gegeben, um ein Kind zu zeugen (so die Bibel), Gott hat Abraham diese Möglichkeit offenbart (so der Koran) – sicherlich gab es (mindestens zusätzlich) auch ganz menschliche Gründe für diese Schwangerschaft. Als Erstgeborenem stehen Dir eigentlich besondere Rechte zu, zumindest aber Anerkennung. Als Sohn der Magd eher nicht.Und als dann Du, Isaak, zur großen Überraschung aller, doch noch geboren wurdest, Sohn der kinderlosen Sara, wirst Du der »eigentliche« Sohn Abrahams, Zeichen des Segens. Die stolze Hagar wird mit Ismael in die Wüste geschickt, wo ein Engel sie rettet (so die Bibel) – bzw. unter Gottes Fürsorge und mit einem großen Auftrag in Mekka gelassen (so der Koran).
Ihr seid Halbbrüder. Eure Geschichten könnten unterschiedlicher nicht sein. Der Flickenteppich Eurer Patchworkfamilie ist zwischen Euch zerrissen.

Es gibt keine Einigkeit zwischen Euch. Was ist die Wahrheit Eurer Geschichte? Was ist gerecht, was ungerecht gewesen?
Es ist kein Wunder, dass sogar die niedergeschriebenen heiligen Geschichten nicht übereinstimmen. Es gibt sogar Streit darüber, wer von Euch es war, den Abraham fast geopfert hätte – als ob das eine Rolle wäre, um die man sich streiten sollte! Hat nicht Abraham vielleicht Euch beide geopfert? Oder war diese Trennung die einzige Möglichkeit?
Familienfrieden hat es jedenfalls nicht gegeben. Der Stein, auf dem Abraham seinen Sohn fast geopfert hätte, findet sich auf dem Tempelberg und ist nach der Überlieferung derselbe Stein, auf den Jakob sich zum Schlafen gelegt hat und von der Himmelleiter träumte, ist der Stein, auf dem Abel Gott geopfert hat. Ein heiliger Ort. Ist es deshalb eine Frage der Ehre, wer von Euch hilflos auf diesem Stein lag? Ist es deshalb erstrebenswert? Ist es das Opfer wert?
Heute steht über diesem Grundstein Eures Familienkonfliktes der Felsendom, das dritte Heiligtum des Islam, Zutritt ist nur für Muslime erlaubt. Wenige Meter entfernt beten Juden an der Westmauer des zerstörten Tempels an der Klagemauer, zurückerobert von der israelischen Armee im Sechstagekrieg im Jahr 1967. Soldaten patrouillieren überall. Gewalt liegt in der Luft, bis heute.
Das ist Eure Familie, Ismael und Isaak.
Ist es das Opfer wert?[34]

Friede sei mit Euch. Salem Aleikum. Shalom.
Lars

Zusammengefasst

Die Familie ist kein starres Konzept, sie ist eine Zukunftswerkstatt. Sie ist ein lebendiges Gefüge, in dem Menschen sich miteinander entwickeln und entfalten können. Damit das gut gelingt, braucht es genug aufmerksame Kommunikation und eine Offenheit für die sich wandelnden Bedürfnisse aller Beteiligten. Um stark im Wandel zu sein, hilft es, sich immer wieder über Grundwerte zu verständigen.

ARBEIT BRAUCHT PLATZ IM LEBEN: *ABER WIE VIEL?*

Arbeit (hier geht es zunächst um klassische Lohnarbeit, den Beruf) ist ein faszinierendes Phänomen: Wer keine hat, will eine haben; wer eine hat, will weniger davon – oder gleich eine andere. Unsere Kinder peinigen wir mit Nachhilfestunden und Sprachkursen in den Ferien, »damit sie einmal einen guten Beruf haben« – und dann beneiden wir alle, die endlich in Rente gehen. Viele klagen über die Arbeit, die kein Ende nimmt – sowohl die, die »zur Arbeit müssen«, als auch die, die warten, dass jemand anders endlich fertig ist damit. Gern wird die Verantwortung für die übergroße Arbeitsmenge anderen gegeben – der Chefin, den Kollegen, der Firma. Zugleich engagieren sich viele, wollen ihre Arbeit gut machen, hängen sich rein. Und handeln sich zu Hause den Vorwurf ein, arbeitswütig zu sein, »Workaholics« sogar. Und dann gibt es auch noch den immer lauter werdenden Anspruch, eine »sinnvolle« Arbeit zu haben – am besten einem Unternehmen anzugehören, das die Welt ein bisschen besser macht. Arbeit als Lebensinhalt. Oder doch »Work-Life-Balance«, als wären »Leben« und »Arbeiten« zwei grundverschiedene Dinge? Das wirkt paradox: Wollen wir nun mehr oder weniger arbeiten? Ist Arbeit nun gut oder schlecht? Oder einfach nur ein unvermeidliches Übel?

Eine klassische Studie der Arbeitspsychologie steigert diese Fragen noch: Der ungarische Psychologe Mihály Csíkszentmihályi hat das Wohlbefinden bei bestimmten Tätigkeiten untersucht und mit den Aussagen der Menschen über diese Tätigkeiten verglichen. Das Ergebnis: Wir klagen viel über die Arbeit und wünschen uns mehr Freizeit. Das allgemeine Wohlbefinden ist aber in der Freizeit im Durchschnitt deutlich niedriger als bei der Arbeit (und als wir selbst glauben)! Stress in der Familie, Mühen im Haushalt, Bürgerpflichten und Langeweile vor dem Fernseher sind für viele die Realität der Freizeit und führen zu relativ niedrigem Wohlbefinden, während bei genauerem Nachfragen die meisten Menschen sich bei der Arbeit ganz wohlfühlen.[35] Wir wünschen uns etwas, das uns nicht guttut, und klagen über das, was wir eigentlich mögen. Warum sitzt die Arbeit anscheinend so schief im Leben und was braucht es, um ihr einen passenden Platz zu geben? Wie können wir Arbeit gut sein lassen?

Zunächst einmal braucht es ein klareres Verständnis von dem, was Arbeit sein kann. Und dann eine persönliche Entscheidung, was sie sein soll. Und zwischen beidem – wieder einmal – einen Ort vorläufiger Zufriedenheit.

Und was machst Du so?

Arbeit ist viel mehr als Broterwerb. Wer einen anderen Menschen kennenlernt, fragt zuerst nach dem Namen und gleich danach nach dem Beruf. Was wir machen, definiert sehr, wer wir sind – in den Augen anderer und in unserem eigenen Selbstverständnis. Und da macht es einen Unterschied, ob man sagen kann »Ich bin Ärztin«, »Ich bin Lehrer« oder etwas Ähnliches. Oder ob man sagen muss »Ich habe einen Teilzeitjob in einem Café«, »Ich bin Hausfrau« oder gar »Ich bin arbeitslos«. Gnadenlos gehen die sozialen Bewertungsschubladen auf und zu.

Aber auch jenseits des Schubladendenkens hat Arbeit einen großen Einfluss auf das, wer wir sind und was wir von uns selbst halten: Viele verbringen mehr (wache) Zeit mit Kolleginnen und Kollegen als mit der Familie. »Die Kollegen sind wie eine zweite Familie«, hört man nicht selten. Manchmal ist es sogar die Familie, die einfacher funktioniert, weil sie klarere Regeln hat. Aber auch, weil Menschen sich dort von der besseren Seite zeigen: Bei der Arbeit verbringen die meisten ihre besten, kreativsten Stunden des Tages (und sind besser angezogen als zu Hause). Dort bekommen sie Anerkennung für das, was sie leisten, dort haben sie viele soziale Kontakte. Bei der Arbeit bekommt man neue Informationen, wird herausgefordert, bildet sich fort, entwickelt sich weiter. Das ist nicht zu unterschätzen.

Aus diesen Gründen kann es auch so verheerende Folgen haben, wenn es bei der Arbeit nicht gut läuft. Wenn es Konflikte mit Kollegen gibt, unvorhersehbare Veränderungen kommen, Umstellungen, Versetzungen oder gar der Verlust der Arbeit. Das ist immer auch ein Angriff auf die Identität.

In Bullerbü stellt sich diese Frage nicht. Alle haben eine klare Rolle, die von allen akzeptiert ist. »Der Bauer vom Südhof«, »die Mutter von Ole«, »der Schuster«, »die Lehrerin«. Keine Fragen. In unserer Wirklichkeit ringen wir mit der Frage, wer wir sind – wer wir eigentlich sind, wer wir sein wollen. Viele empfinden den Druck, sich selbst optimal erfinden zu müssen. Die Arbeit drängt sich da als Mittel der Selbsterfindung und Selbstdarstellung auf, etwas, das aber nicht so sein muss.

Wer es gut sein lassen will mit der Arbeit, muss wissen, wo die Identität ansonsten noch herkommt. Muss mit großer Sicherheit die Frage »Wer bist du?« beantworten können, ohne den Beruf zu erwähnen. Das klingt einfacher, als es ist. Denn im Grunde ist diese Frage Teil der existenziellen Fragen des Lebens, die wir, mehr oder weniger bewusst, immer wieder beantworten müssen. Im dritten Teil des Buches wird es deswegen um diese Fragen noch mal ausführlicher gehen, aber zunächst sollten wir die Frage nach dem Un-sinn in der Arbeit noch einmal genauer unter die Lupe nehmen; denn welchen Platz wir der Arbeit in unserem Leben geben, hängt maßgeblich davon ab, welchen Sinn wir ihr zuschreiben …

Sinnfrei?
Zwischen Burn-out und Bore-out.

Wer seine Arbeit liebt, kann sich glücklich schätzen. Wenn dann noch offensichtlich ist, dass die Arbeit sinnvoll ist, ist das wie ein psychologischer Hauptgewinn. »Sinn« ist allerdings etwas, was nicht von allein da ist – er muss konstruiert, beschrieben, erklärt werden. Helfende Berufe, die Produktion notwendiger Dinge, Ausbildung – das sind Bereiche, in denen der Sinn für viele Menschen auf der Hand liegt. Ein Grund, warum etliche trotz relativ geringer Bezahlung und oft schwieriger Bedingungen wie Schichtarbeit in solchen Berufen bleiben. Sogar hinter einem Burn-out steckt oft eine Sinnfrage: Menschen halten am Sinn ihrer Tätigkeit fest und kämpfen dafür, obwohl die Arbeitsbedingungen unhaltbar sind, obwohl die Kräfte und Ressourcen nicht reichen, um den Ansprüchen der Arbeit dauerhaft gerecht zu werden. Es waren idealistische Sozialarbeiter, bei denen das Burn-out-Syndrom 1974 das erste Mal beschrieben wurde. Menschen, die sich für die Schwachen eingesetzt haben, die ihre Klienten nicht allein lassen wollten, auch wenn sie selbst nicht gut versorgt waren mit freier Zeit, Supervision, passendem Lohn. Sie haben weitergearbeitet bis zur Erschöpfung.[36] So wichtig ist der Sinn.

Auf der anderen Seite landen gut bezahlte Angestellte in depressiven Phasen, wenn ihre Arbeit keinen Sinn erkennen lässt: Das Bore-out-Syndrom ist das Gegenteil vom Burn-out. Betroffen sind oft Angestellte in großen Verwaltungen, in denen bürokratische Abläufe sich längst von der Wirklichkeit des Lebens gelöst haben und ein Eigenleben führen, das kaum mehr nachvollziehbar ist. Von 9 bis

17 Uhr werden dort Anträge geprüft und genehmigt, Teilprojekte dokumentiert, Verfahren kontrolliert, ohne dass es einen echten Bezug zu dem gibt, was im wirklichen Leben passiert. Dabei ist diese Arbeit nicht unbedingt leicht – es wird auch hier rationalisiert und fusioniert, oft unter Druck gearbeitet. Und zudem noch sinnfrei. Es macht eben einen Unterschied, ob man einem Kind beibringt, wie es einen Obstsalat macht, oder ob man einen Bericht zur Statistik über die Einhaltung der europäischen Lebensmittelinformationsverordnung in deutschen Kindertagesstätten prüft. Es kostet Kraft, acht Stunden am Tag mit Schein-Sinn zu verbringen. Das Gehalt wird zum Schmerzensgeld.

Die meisten Arbeiten liegen allerdings irgendwo in der Mitte zwischen Berufung und Erfüllung auf der einen Seite und stumpfer Erwerbstätigkeit auf der anderen. Sinnerleben ist außerdem tagesformabhängig und entsteht nicht nur durch die Arbeitsaufgabe. Viel mehr sogar durch den persönlichen Zugang zu ihr. Es lohnt sich unbedingt, das eigene Arbeitsleben möglichst sinnvoll zu gestalten. Oder sich einen anderen Job zu suchen, wenn der alte unglücklich macht.

Verwandlung

Ich persönlich habe über die Bedeutung von Arbeit (auch meiner eigenen!) viel gelernt, nachdem ich über einige Monate mit einem Klienten in der psychologischen Beratung an seiner depressiven Stimmung gearbeitet hatte. Es hatte sich nicht viel getan, trotz intensiver Beschäftigung mit seinem Selbstbild, seinen Beziehungen mit der Ursprungsfamilie, dem Alltagsverhalten. Die Stimmung blieb schlecht. Bis er eines Tages wie verwandelt zur Sitzung kam, voller Lebensenergie. Er hatte einen neuen Job.

Natürlich ist ein Jobwechsel nicht allen ohne Weiteres möglich, und oft beinhaltet die Arbeit auch sinnvolle und sinnlose Bereiche nebeneinander. Zudem gibt es noch andere Alternativen, mit einem Mangel an Sinn im Job umzugehen. Viele Menschen gleichen zum Beispiel die relative Sinnlosigkeit ihrer Erwerbsarbeit mit einem Ehrenamt aus, in dem sie einen eindeutig sinnvollen Beitrag zum gesellschaftlichen Leben leisten – in der kommunalen Politik, im Breitensport, in der Kirchengemeinde. Das wird immerhin öffentlich anerkannt, im Gegensatz zur Arbeit zu Hause, der Betreuung der Kinder oder der Pflege von Angehörigen – diese Arbeiten sind zwar gesetzlich gleichgestellt, werden aber noch immer nicht genug gewürdigt.

Und auch außerhalb dessen, was wir gemeinhin »Arbeit« nennen, finden viele Menschen Sinn: in Kunst und Musik, im Betrachten der Natur, in der Religion. Oder noch bodenständiger in den Beziehungen des täglichen Lebens. Die Sinnforscherin Tatjana Schnell beschreibt die Dimensionen des Lebenssinns als vertikale Selbsttranszendenz (Spiritualität, Religion), horizontale Selbsttranszendenz (Liebe/Hingabe), Selbstverwirklichung, Wir- und Wohlgefühl und Ordnung[37] – hier findet sich für alle etwas! Man muss sich nur auf die Suche machen.

Bullerbü kennt diese Fragen nicht. Der Sinn der Arbeit und der Sinn des Lebens sind offensichtlich. In unserer Wirklichkeit dagegen ringen wir, bewusst oder unbewusst, mit der Sinnfrage. Viele empfinden den Druck, ein sinnvolles Leben selbst herstellen zu müssen und Sinn zu konstruieren. Die Arbeit drängt sich ihnen da als Lösung auf – und wird gleichzeitig zum Problem, wenn sie unseren Sinn-Ansprüchen nicht genügt.

Wo auch immer der Sinn herkommt – wer es gut sein lassen will mit der Arbeit, wer sich also nicht von der Arbeit bestimmen lassen, sondern der Arbeit einen guten Platz im Leben geben will, muss die Frage nach dem Sinn beantworten können.

Zwei nötige Dinge, um die Arbeit gut sein lassen zu können

1. Werden Sie sich klar über den Sinn Ihrer Arbeit. Machen Sie zum Beispiel gelegentlich eine Liste über sinnvolle und sinnlose Teile Ihrer Arbeit. Wenn Sie etwa Versicherungen verkaufen, schreiben Sie auf, wem Ihre Produkte schon geholfen haben, welche besonders hilfreich sind. Machen Sie sich die Entstehungsgeschichte Ihres Arbeitsfeldes klar. Wenn Sie etwa Bücher verkaufen, beschreiben Sie den Unterschied zwischen einer Gesellschaft, in der es Bücher gibt, und einer, in der es keine gab. Und sehen Sie auch auf den ganz alltäglichen Sinn Ihrer Arbeit. Das verdiente Geld, den Kontakt mit den Kolleginnen, Ihr eigenes Lernen. Daneben, auf die andere Seite der Lis-

te, gehören die sinnlosen Elemente Ihrer Arbeit. Das Phänomen der Überversicherung zum Beispiel oder die vielen ungelesen, vernichteten Bücher. Und ebenso die Sinnlosigkeiten des Arbeitsalltags, Papierkrieg und verselbstständigte Bürokratie oder der unverbesserliche Kollege. Wenn Sie dann auf dieses Nebeneinander von Sinn und Sinnlosigkeit schauen und es genug Sinnvolles gibt – lassen Sie es für heute gut sein.

2. Werden Sie sich klar über die Verteilung von Sinn und Unsinn in Ihrem Leben. Welche Bereiche (Arbeit, Ehrenamt, Familie …) empfinden Sie als sinnstiftend? Welche weniger? Welche gar nicht? Wo finden Sie vertikalen oder horizontalen Sinn? Wenn Ihre Arbeit am Ende das einzig Sinnvolle ist oder wenn alles außer der Arbeit Sinn ergibt, scheint etwas schief zu liegen. Wenn Sie aber Bereiche entdecken, die einander ausgleichen, dann scheint die Arbeit einen Platz im Leben zu haben, den Sie vielleicht gut sein lassen können.

Zusammengefasst

Wenn Arbeit einen guten Platz im Leben hat, kann sie uns helfen, zu verstehen, wer wir sind und welchen Sinn unser Leben hat. Damit wir nicht an der Arbeit ersticken oder in ihr vertrocknen, darf sie nicht unsere einzige Quelle von Sinn und Identität sein.

TEIL 3

VON MENSCHEN-BILDERN UND GOTTES-BILDERN

Wie wir festgestellt haben, leben viele Familien in unserem Teil der Welt heute mit einem Gefühl von Druck, der eine Sehnsucht nach einer heilen Welt auslösen kann. Viele versuchen, es gut zu machen, wünschen sich ein Bullerbü wie in den Büchern Astrid Lindgrens und scheitern immer wieder daran – sie leiden unter dem Bullerbü-Komplex. Die Kunst, es in Bereichen des Lebens wie Erziehung, Partnerschaft, Familie und Arbeit gut sein zu lassen, ist ein Gegenentwurf dazu, der ein wenig mehr Leichtigkeit in den Familienalltag bringen kann.

Diese Kunst ist allerdings eine vergebliche Mühe und das Reden darüber leeres Gerede, wenn sie nicht mit einer bestimmten Sicht der Welt verbunden ist, mit einer Grundhaltung. Auch Lehrer und Lehrerinnen bleiben trotz einer hervorragenden Ausbildung in pädagogischen Methoden schlechte Pädagoginnen und Pädagogen, wenn sie die Kinder nicht lieben. Und herausragende Chirurgen bleiben schlechte Ärzte, wenn ihr Interesse nicht über das operierte Körperteil hinaus dem Menschen gilt, zu dem es gehört. Politikerinnen, die brillant reden können, aber nicht mit den Grundwerten der Demokratie verbunden sind, schaden mehr, als dass sie nützen. Die Kunst, es gut sein zu lassen, läuft Gefahr, in Gleichgültigkeit oder Beliebigkeit zu enden, wenn sie kein passendes Fundament hat.

In diesem dritten und letzten Teil des Buches wird es um genau dieses Fundament gehen. Es ist das Angebot eines Weltbildes, das zugleich entspannt und aktiviert.

VERSCHIEDENE MÖGLICHKEITEN ...

Wir sind es so sehr gewohnt, auf bestimmte Weise über Gott, die Welt und die Menschen darin nachzudenken, dass wir kaum merken, wie subjektiv unsere Art ist, die Wirklichkeit zu sehen und zu deuten. Hier hilft es, mal einen Schritt zurückzutreten und unseren eigenen Blickwinkel bewusst zu betrachten.

... die Welt zu verstehen

Wir wissen es theoretisch – jeder Mensch sieht die Welt auf seine Weise. Und trotzdem erschrecken wir manchmal darüber, zum Beispiel wenn jemand aus einer anderen Kultur etwas für selbstverständlich hält, was uns fremd ist. Im Alltag denken wir jedoch über solche Dinge normalerweise nicht viel nach. Aber gerade weil diese fundamentalen Annahmen, diese Grundhaltung so unbewusst sind, spielen sie eine wichtige Rolle. Sie äußern sich in schwer zu beschreibenden Gefühlen und in spontanen Reaktionen, sie sind oft das Sprungbrett für spontane Sätze, die uns in schwierigen Situationen von der Zunge springen. Es lohnt sich deshalb, ab und an unsere Grundhaltung dem Leben gegenüber zu bedenken und ein paar Worte dafür zu finden – auch wenn diese Worte sich meistens vorläufig und unvollständig anfühlen.

Es ist zum Beispiel ein Unterschied, ob wir uns die Welt, in der wir leben, hauptsächlich als »zerbrechlich und bedroht« vorstellen oder als »gefährlich und bedrohlich«. Beides ist denkbar: Die Berichte über den Klimawandel, über sensible Ökosysteme und das rapide Artensterben legen nahe, dass die Welt leicht zu zerstören ist. Das lässt sich auch übertragen auf andere Bereiche unserer Umwelt, auf die Wirtschaft, von der wir sagen könnten, dass sie kurz vor dem Kollaps steht, oder auf das Gesellschaftsgefüge, das auf dem Weg ins Chaos ist, und schließlich auch auf jede einzelne Familie, jeden einzelnen Menschen: »Wenn wir nicht aufpassen, wenn wir uns nicht anstrengen, wenn wir nicht alles geben, um unsere Welt, unsere Familie, unsere Ehe zusammenzuhalten, dann bricht sie auseinander.« Manche kennen so ein Lebensgefühl.

Andere sehen im Vordergrund eher das Bedrohliche, das Mächtige der Welt. Die Stürme und Fluten, Viren und Vulkanausbrüche, den hungrigen Kapitalismus, den ausufernden Rechtsextremismus oder im privaten Bereich die übergriffigen Beziehungen oder die eigenen, inneren schädlichen Impulse, Ängste und Aggressionen. Hier ist das Lebensgefühl ein ganz anderes.

Wieder andere beschreiben hingegen das Wunderbare, Rätselhafte, ja Magische einer Welt, deren unendlich komplexe Zusammenhänge weit über das hinausgehen, was wir verstehen und erklären können. Sie ahnen verborgene Kräfte und versteckte Bedeutungen im großen Weltgeschehen, aber auch im feinen Geflecht der Familie und stehen voller Staunen vor den Bewegungen und Regungen ihrer eigenen Seele. Wieder eine andere Grundhaltung. Es ist leicht nachzuvollziehen, dass solche verschiedenen Grundhaltungen ganz konkrete Auswirkungen haben auf die Art, wie wir uns in der Welt bewegen.

Wie wir Beziehungen gestalten, wie und worüber wir sprechen, ob wir uns engagieren und wofür. Ebenso verschieden ist die Rolle, die der Mensch bekommt. Ist der Mensch eigentlich von Grund auf eher gut oder böse? Glaube ich an »das Gute im Menschen« wie Frodo an das Gute in Gollum,[38] versuche ich das zu finden und zu fördern, gebe Vorschussvertrauen und zweite Chancen? Oder ist es eher das Böse in jedem Menschen, vor dem es sich zu schützen gilt? Sehe ich den Menschen als ein lernendes Wesen, als ständig in Entwicklung und achte auf Anzeichen von Veränderung oder gehe ich davon aus, dass es Typen gibt, die relativ unveränderlich sind und höchstens eine bestimmte Ansprache brauchen, damit das Miteinander funktioniert? Ist jeder Mensch frei, den eigenen Weg durch das Leben zu wählen, oder sind Genetik und Prägung so stark, dass von einem freien Willen überhaupt nicht die Rede sein kann? Diese Fragen werden noch spannender, wenn es um das Selbstbild geht, weil sich da die Frage stellt, ob *ich* mich ändern kann oder nicht, ob in *mir* eigentlich grundsätzlich etwas Gutes steckt. Ob ich frei bin oder nicht. Je nachdem, von welchen Grundannahmen ich (unbewusst) ausgehe, verändert sich meine Haltung gegenüber mir selbst und anderen und natürlich auch meine Haltung im Zusammenleben mit Kindern. Da ist zu entscheiden, ob es um »Erziehung« geht, um das Formen kleiner unförmiger

Persönlichkeiten, oder eher um das Begleiten eines Entwicklungsprozesses, der unter guten Umständen von allein in die richtige Richtung geht.

... Gott zu verstehen

Wenn es schon so viele verschiedene Möglichkeiten gibt, die Welt und die Menschen zu betrachten, die wir immerhin täglich vor uns sehen und von denen die allermeisten glauben, dass es sie wirklich gibt, dann sind die Möglichkeiten, sich Gott (oder das Göttliche ...) vorzustellen, noch viel zahlreicher. Gerade weil es schon bei der Frage anfängt, ob es so etwas wie »Gott« überhaupt gibt oder nicht. Es macht schon einen Unterschied, ob jemand die Möglichkeit, dass es etwas Göttliches auch nur geben könnte, grundsätzlich in Betracht zieht.

Und wenn es auch nur entfernt diese Möglichkeit gibt, ist immer noch offen, wie Gott ist. Manche Theologen sagen, dass das Gespräch spätestens hier aufhören sollte, weil wir es mit menschlichen Worten und Maßstäben ohnehin nicht schaffen, etwas zu beschreiben, dessen erste Eigenschaft gerade das Göttliche, also Nicht-Menschliche ist. Andere wiederum meinen, dass unsere menschlichen Worte immerhin dazu taugen, uns einer Vorstellung anzunähern. Und dann fragen sie zum Beispiel, ob Gott nah oder fern ist, (in Teilen) verständlich oder völlig rätselhaft, in der Welt und der menschlichen Geschichte zu finden oder nicht. Sie verwenden viele Bilder und Metaphern, sprechen von Gott als Schöpfer, als Liebe, als Geist der Hoffnung, als Anwalt der Schwachen oder als Richter der

Welt. Es gibt strenge oder milde Gottesbilder, väterliche und mütterliche, strafende und befreiende.

Und obwohl es wohl kaum eine Figur in der Weltgeschichte gibt, die häufiger Gegenstand von Deutungen und Zuschreibungen war als Jesus von Nazareth, lässt sich doch sagen, dass die Christen dieser Welt sich einig sind, dass in ihm das Wesen Gottes am klarsten zu erkennen ist, die göttliche Stimme am deutlichsten zu verstehen. Sein Leben, Leiden und Auferstehen sind für viele zu einem Schlüssel geworden, wenn es um die Frage nach der Welt, dem Platz der Menschen darin und dem Wesen des Göttlichen geht.

Natürlich es ist offenbar, dass es auch hier einen großen Unterschied in alltäglichen Deutungen und Reaktionen machen kann, welche Antwort ich auf die Gottesfrage gebe. Von der Beantwortung dieser Frage hängt ab, ob ich einen Grund habe, zu hoffen (bzw. welchen), ob mein Leben einen Sinn hat (bzw. welchen) und ob ich eine Verantwortung trage (bzw. welche). Außerdem ist es furchtbar schwierig, eine zusammenhängende Ethik und gute Regeln für das gemeinsame Leben zu finden, wenn sie nicht auf der Idee von etwas gründen, das uns als Menschen gegeben ist. In diesem Buch geht es gewiss nicht darum, Gott zu beweisen oder zu behaupten, dass er so oder ganz anders ist. Die Frage nach Gott ist jedoch eine Teilfrage der »existenziellen Fragen«, für die es zwei Gründe gibt, sie zu stellen:

- Zum einen spielen sie eine Rolle im Umgang mit möglichen Erwartungen an eine heile Welt, sie sind also für die Diagnose des »Bullerbü-Komplexes« wichtig.

- Zum anderen ist eine bestimmte Sichtweise Teil der Kunst, es gut sein zu lassen.

Zusammengefasst

Die Welt ist eine andere, je nachdem, wie wir sie beschreiben. Sie kann zerbrechlich, bedrohlich oder voller Wunder sein. Sie kann schlicht das sein, was wir sehen, anfassen und beweisen können, oder auf rätselhafte Weise verbunden mit etwas Höherem. Sie kann ein großes Jammertal sein oder Gottes herrliche Schöpfung. Je nachdem, wie wir die Welt sehen, ändern sich die Antworten auf wichtige Fragen des Lebens. Jede Leserin und jeder Leser ist eingeladen, den je eigenen Standpunkt auf die »existenziellen Fragen« zu finden – und die Frage nach Gott ist ein Teil dieser Standpunktklärung.

DIE EXISTENZIELLEN FRAGEN

Spätestens im Kapitel über den Stellenwert der Arbeit wurde sie laut – die Frage nach dem Sinn des Lebens (»Warum und wozu stehen wir eigentlich morgens auf und gehen zur Arbeit?«). Aber auch an vielen anderen Stellen dieses Buches lauern, versteckt hinter den alltäglichen, die großen Fragen: Auf welchen Werten gründen wir ein Familienleben? Was können wir von der Liebe erwarten? In der Philosophie werden diese Fragen »Die existenziellen Fragen« genannt.

Die vier großen Fragen nach Sinn, Tod, Zugehörigkeit und Freiheit und Verantwortung

Ein berühmter Vertreter der sogenannten »existenziellen Psychologie«, Irvin Yalom, fasst sie zu vier Fragen zusammen, die (so sagt er) in jedem Leben entscheidend und auch als Basis mancher Psychotherapie zu stellen sind. Bei Yalom hört sich das ziemlich brutal an – es sind die Fragen nach der Sinnlosigkeit des Lebens, dem Tod, der Einsamkeit und der Schuld. Wenn wir uns die Fragen genauer ansehen, verlieren sie zwar nichts von ihrer Wucht, aber es wird klar, dass die Antworten durchaus auch sehr schön sein können.

Die Frage nach dem Sinn

Letztlich wissen wir nie ganz genau, was der Sinn des Lebens ist, können keine absolute Antwort darauf geben. Was wir aber wissen, ist: Wer keine Antwort auf diese Frage findet, kann tief verzweifeln. So hatte Irvin Yalom bei der Frage nach der Sinnlosigkeit des Lebens wohl manche seiner Patienten vor Augen, die in Depression und Frustration zu ihm kamen, weil die Sinnlosigkeit ihres Lebens sie schier überwältigt hatte.

Unzählige Menschen haben die brennende Frage nach dem Sinn des Lebens bereits zum Anlass genommen, um nach einer Antwort in ihrem Leben zu suchen. Manche haben diese Antwort hinter Klostermauern gefunden, andere darin, ihr Leben einem Projekt oder der Hilfe für andere zu widmen. Die Antworten und auch die Wege, diese zu finden, sind so unterschiedlich, wie es die Menschen sind.

Und es ist eine Sache, den Sinn des Lebens zu suchen und zu finden, wenn es im eigenen Leben einigermaßen gut läuft. Doch was ist, wenn uns Schicksalsschläge treffen? Wo bleibt da der Sinn des Lebens? Hat das, was uns einmal Sinn gab, dann noch Bestand? Eines der prominentesten Beispiele für Lebenssinn trotz widriger Umstände ist Viktor Frankl, der hinter den Stacheldrahtzäunen der KZs Theresienstadt, Auschwitz und Dachau einen Weg gefunden hat, dem Leben einen Sinn zu geben. Seine »Logotherapie« (übersetzt etwa »Sinn-Sorge«) hat vielen Menschen geholfen.

Yalom selbst ist sehr kritisch gegenüber Religion und Spiritualität, bezeichnet sich selbst als Atheist. Aber auch er erkennt die große Bedeutung der Religion für viele seiner Patienten an.[39] Die Geschichte des Christentums ebenso wie die anderer Religionen besteht nicht nur aus Kriegen, Skandalen und Heuchelei. Sie ist vor allem die Geschichte unzähliger Menschen, die den Sinn ihres Lebens auf der Suche nach Gott gefunden haben.

Die Frage nach dem Tod

Weiter als bis zum Ende des Lebens können wir nicht sehen. Die Biologie zeigt uns, wie das Leben endet, der Körper verfällt, sich auflöst und wieder zu Staub wird. Eine Seele wurde trotz vieler Anstrengungen bisher nicht mit wissenschaftlichen Mitteln eingefangen. Die Angst vor dem Tod und seiner Endgültigkeit kann ein ganzes Leben lähmen und ist (so sagen jedenfalls manche Psychologen) die Wurzel aller Ängste. Sie kann aber auch anspornen, das Leben vor dem Tod zu nutzen oder zu genießen. Und eine Hoffnung, die über den Tod hinausgeht, kann auch einen großen Unterschied machen. Je nachdem, wie man sich die Beziehung zwischen dem Leben vor dem Tod und einem möglichen Leben nach dem Tod vorstellt, ist dieser Unterschied mehr oder weniger angenehm oder konstruktiv. Die Vorstellung eines Weltgerichts mit Himmel oder Hölle löst sicher andere Reaktionen und Gefühle aus als die Idee einer Seelenwanderung oder die Freude auf ein Paradies mit himmlischer Gerechtigkeit. Die Frage nach Gott ist also unweigerlich mit der Frage nach dem Tod verknüpft.

Die Frage nach der Zugehörigkeit

Auch Hermann Hesse hat sich die Frage nach Einsamkeit und Zugehörigkeit gestellt und seine Antwort in einem seiner bekanntesten Gedichte festgehalten:

» **Im Nebel**

Seltsam, im Nebel zu wandern!
Einsam ist jeder Busch und Stein,
Kein Baum sieht den anderen,
Jeder ist allein.
Voll von Freunden war mir die Welt,
Als noch mein Leben licht war;
Nun, da der Nebel fällt,
Ist keiner mehr sichtbar.
Wahrlich, keiner ist weise,

Der nicht das Dunkel kennt,
Das unentrinnbar und leise
Von allem ihn trennt.
Seltsam, im Nebel zu wandern!
Leben ist Einsamsein.
Kein Mensch kennt den andern,
Jeder ist allein.

Hermann Hesse[40]

Eine Antwort auf diese Frage, die eher pessimistischer Natur ist, lässt sich wohl kaum besser ausdrücken, als Hermann Hesse es hier getan hat. Irvin Yalom und andere Psychoanalytiker würden sagen, dass es ein Teil der menschlichen Reifung ist, diese existenzielle Einsamkeit anzuerkennen und so die Verantwortung für die je eigenen Lebensentscheidungen zu übernehmen. Andere sind optimistischer und beschreiben die unauflösliche Verbindung zwischen Menschen – in einer Familie, in der Liebe – oder auch die Zugehörigkeit jeder Zelle des menschlichen Körpers zur unendlichen Vielfalt der Natur. Menschen beschreiben Erlebnisse des Einsseins mit anderen, mit der Welt oder mit Gott. Wie auch immer wir die Frage nach der Zugehörigkeit beantworten – die Antwort macht einen Unterschied.

Die Frage nach der Freiheit und der Verantwortung

Die Frage nach der Freiheit und der Verantwortung des Menschen stellt sich nicht nur in der Justiz, wenn geklärt werden muss, ob jemand schuldig oder – als Voraussetzung – schuldfähig ist. Sie stellt sich bei jeder Wahl, die wir im Leben treffen. Und zwar auf globalem oder nationalem Niveau (die Frage nach der Verantwortung für den Klimawandel oder dem Erbe des Nationalsozialismus) ebenso wie im privaten Bereich, wenn es zum Beispiel darum geht, ob sich jemand für einen Glauben entscheiden kann oder nicht, oder ob jemand die Verantwortung dafür trägt, sich in jemand anderen als den Ehepartner verliebt zu haben. Eng verwoben mit der Frage der Schuld ist auch die Frage der Vergebung – ist Vergebung abhängig davon, dass die Schuld erklärt werden kann? Ist Vergebung sozial »kostenpflichtig« oder kann es sie umsonst geben? Wie Menschen mit ihrer Schuld, mit Verletzungen und schwierigen Beziehungen umgehen – alles Themen die in Familie, Partnerschaft und auf der Arbeit immer wieder präsent sind –, hängt also auch von der Antwort auf diese vierte der existenziellen Fragen ab.

Antwortversuche

Über diese Fragen lassen sich vortrefflich sehr dicke und schwer verständliche Abhandlungen schreiben. Eben weil sie so schwer erschöpfend zu beantworten sind.

Eine philosophische Antwort … Alles klar?

»Die ekstatische Einheit der Zeitlichkeit, das heißt die Einheit des ›Außer-sich‹ in den Entrückungen von Zukunft, Gewesenheit und Gegenwart, ist die Bedingung

der Möglichkeit dafür, daß ein Seiendes sein kann,
das als sein ›Da‹ existiert.«

Martin Heidegger[41]

Manche meinen sogar, dass es wertvoller ist, die Fragen zu stellen, als sie zu beantworten. Und doch beantwortet jeder von uns sie fast täglich, bewusst oder unbewusst:

- Jeden Morgen, an dem ich aufstehe und zur Arbeit gehe, unterstelle ich dem Leben zumindest die Möglichkeit, einen Sinn zu haben.
- Jedes Mal, wenn ich lieber Gemüsesticks statt fettige (aber leckere!) Kartoffelchips wähle, gebe ich dem Tod eine Bedeutung – nämlich eine bedrohliche: Ich will ihn vermeiden, indem ich versuche, gesund zu bleiben.
- Wenn ich jemanden besuche, der krank ist, behaupte ich damit: »Du bist nicht allein.«
- Und schließlich bekenne ich mich dazu, frei und verantwortlich zu sein, wenn ich Bio-Lebensmittel kaufe oder wählen gehe.

Banal? Ganz und gar nicht. Viele Menschen leiden am Leben, weil sie sich einer gängigen Antwort auf eine dieser Fragen anschließen, ohne zu prüfen, ob sie wirklich dahinterstehen. Der Bullerbü-Komplex zum Beispiel ist ein ganzes Knäuel solcher Antworten. Existenziell formuliert sagt er: »Das Leben ist sinnvoll, aber nur, wenn es dem Menschen gelingt, auf ganz bestimmte Weise glücklich zu sein. Dieses Glück herzustellen, ist die persönliche Verantwortung eines jeden Menschen, wobei die Verantwortung für das Glück der Kinder bei den Eltern liegt. Der Tod ist die Grenze – das Bullerbü-Paradies sollte möglichst vorher erreicht werden.«

»Es gut sein zu lassen« als Gegenkonzept für diesen existenziellen Druck funktioniert nicht, wenn es allein darauf gründet, dass es einfacher, also der Weg des geringeren Widerstandes ist. Wenn diese Haltung von Dauer und auch dann noch hilfreich sein soll, wenn es schwierig wird, braucht sie ein Fundament. Sie muss begründet sein und Antworten auf die existenziellen Fragen geben – zumindest vorläufige.

Lauter »-ismen«

Im Laufe der Geschichte haben sich viele solcher Antwortkonzepte entwickelt, die bestimmten Grundgedanken folgen und gerne auf »-ismus« enden. Der Utilitarismus zum Beispiel, der versucht, das Glück zusammenzurechnen, und Entscheidungen bevorzugt, bei denen in der Summe möglichst viel Glück herauskommt. Oder der Marxismus, der die Gleichheit aller und die Befreiung der Unterdrückten (jedenfalls theoretisch) als Ziel hatte. Oder der Nihilismus, der davon ausgeht, dass es eben keinen Sinn und nichts Bleibendes gibt. In unserer westlichen Welt sind nach wie vor Kapitalismus und Individualismus vorherrschend. Das heißt existenziell gesagt: Sinn durch Konsum, Verantwortung des Individuums, existenzielle Einsamkeit und der Tod als Tabu.

Daneben scheinen sich Nationalismus und Extremismus immer stärker auszubreiten. Antworten auf die existenziellen Fragen würden dann lauten: Das Wichtigste ist die Zugehörigkeit zu einem Land oder einer religiösen Gruppe (keine Einsamkeit!), die bestimmte Werte verteidigt (Sinn!) und größer ist als der einzelne Mensch (das Land/die Religion überdauert den Tod), wobei es keine Freiheit gibt, sondern Zugehörigkeit durch Geburt, Rasse oder göttlichen Ratschluss. Diese existenziellen Antworten rechtfertigen dann Gewalt und Ausgrenzung. Aber es gibt auch Widerstand. Die Sehnsucht nach Bullerbü ist der Keim eines solchen Widerstandes: einfaches und solidarisches Leben, das seinen Sinn in der Einheit mit der Natur findet, gegründet auf Traditionen, für die der einzelne Mensch keine Verantwortung trägt. Der Bullerbü-Komplex kann allerdings dort entstehen, wo diese Sehnsucht mit den Mitteln des Kapitalismus und in der Haltung des Individualismus erfüllt werden soll.

Immer im Hier und Jetzt?

Das »Hier und Jetzt« ist in den letzten Jahren schwer in Mode gekommen. Auch eine sanfte Widerstandsbewegung gegen den Wahn der Beschleunigung und den Zwang des Höher-Schneller-Weiter. Östliche Traditionen und buddhistische Meditationspraktiken haben den Weg ins hektische Europa gefunden, zur Freude mancher Christen, die sich an ganz ähnliche christliche Traditionen erinnert haben: das kontemplative Gebet im Kloster, die Stille vor Gott, die Freude an der Gegenwart der Schöpfung. Wege aus der Hektik des Alltags zurück in die Gegenwart Gottes. Aber auch ganz ohne Religion hat das einen Wert, den die Psychologie immer wieder unterstreicht: Das »Hier und Jetzt« ist das wohl wunderbarste Mittel gegen Angst, die Gegenspielerin der Hoffnung.

Angst ist ja ein negatives Zukunftsbild, die Befürchtung, dass es schlechter werden könnte. Viele Menschen haben viel davon: Verlustangst, Prüfungsangst, Angst vor Krankheit, Angst vor finanzieller Not. Wer davon geplagt ist, kann kaum etwas Besseres tun als dies: sich konzentrieren auf das, was hier und jetzt ist. Angefangen beim Ein- und Ausatmen und dem eigenen Körper (Wie geht mein Atem, wenn ich ihn lasse? Welche körperlichen Empfindungen habe ich?). Weiter über die Umgebung (Wo bin ich gerade? Was sehe und höre ich?), die augenblicklichen Gedanken und Gefühle (Was fühle ich? Welche Gedanken kommen immer wieder?), die Beziehungen, so wie sie jetzt sind (An wen denke ich? Wen hätte ich (nicht) gern bei mir?).

Diese Beobachtungen helfen, sich im Hier und Jetzt zu verankern. Und das ist (fast) immer besser, als Angst vor der nahen oder fernen Zukunft zu haben. Sogar der körperliche Schmerz des Augenblicks ist meist kleiner als die Schmerzen der Zukunft, die die Angst sich vorstellt. Die Aufgaben des heutigen Tages sind erträglicher als der Stress der kommenden Zeit, gewürzt mit Versagensangst. Die heutige nervige Kollegin ist erträglicher als eine unendliche Zukunft mit ihr. Die Besinnung auf das »Hier und Jetzt« hat heilende Kräfte. Psychotherapie und Rehabilitationskliniken machen sich das zunutze.

Aber das »Hier und Jetzt« ersetzt nicht die Hoffnung. Wer sich allzu sehr auf das Heute konzentriert, verzichtet auf die verändernde Kraft der guten Bilder, lässt eine riesige Energiequelle ungenutzt. Und übersieht leicht Verantwortungen – die heiße Debatte um das warme Klima kommt ja gerade mit einer Kritik an zu viel »Hier und

Jetzt« der herrschenden Erwachsenen daher. So wichtig es ist, sich nicht falschen Hoffnungen hinzugeben, so wichtig ist es, tragfähige Hoffnungen zu finden. Denn: Wer lediglich im Hier und Jetzt lebt, riskiert, herzlos zu werden. Leicht lässt sich die Besinnung auf den Augenblick missverstehen als eine Besinnung auf das »Ich«.

Ich habe Menschen erlebt, die wegen Überlastung und Erschöpfung in eine psychosomatische Reha oder zur Therapie gegangen sind und dort gelernt haben, »auf den Augenblick zu achten«, »Grenzen zu setzen« und »für sich selbst zu sorgen«. Im Grunde wunderbare Lernziele. Aber es wirkte oft so, als hätten sie sich in die Gleichgültigkeit hineinmeditiert. Wenn es dann darum ging, sich für etwas oder für andere zu engagieren, sagten sie beherzt Nein, um nicht wieder in der Überlastung zu landen. Stattdessen landeten sie aber in der Einsamkeit. Andere geraten in eine wunderliche Konkurrenz mit sich selbst und vermischen das achtsame Sein im Augenblick mit einer geradezu kapitalistischen Idee: gut ist, was intensiv ist. Erlebnisse sind besser, je intensiver der Augenblick erlebt wird. Was beginnt als eine Würdigung des Augenblicks endet in einer Inflation der Augenblicke, weil nach einem intensiv erlebten Moment der nächste gesucht wird, der möglichst noch intensiver sein sollte.

Ich glaube, hier liegt ein Missverständnis vor. Auch die buddhistischen Ideen, die die Lehre der Leere vertreten, verbinden sie in der Regel mit einer Akzeptanz dessen, was ist, intensiv oder nicht, und mit dem Mitgefühl für alles Leben. Darin liegt im Kern eine Hoffnung, nämlich auf ein Miteinander im Gleichgewicht. Und ein Glaube, nämlich an die verändernde Kraft der Liebe. Liebe, Glaube und Hoffnung sind der Kern, wenn es gut werden soll. Und sie sind stärker als das pure »Hier und Jetzt«.

Zusammengefasst

Die existenziellen Fragen nach dem Sinn des Lebens, dem Tod, der Zugehörigkeit und der Verantwortung wirken auf den ersten Blick theoretisch und philosophisch. Auf den zweiten Blick zeigt sich, dass die Antworten auf diese Fragen die Grundlagen etlicher Alltagsentscheidungen sind. Es gibt viele verschiedene Antwortmodelle, die unterschiedliche Grundhaltungen mit sich bringen, freundliche und weniger freundliche.

»GNADE« BUCHSTABIEREN

Missionsgefahr?

Wenn Sie als agnostischer oder anders kirchenferner Mensch jetzt mit den Augen rollen und fürchten, dass ich am Schluss des Buches mit dem Jesus-Fähnchen winke und hoffe, auf den letzten Metern noch ein paar Seelen zu gewinnen, will ich Sie beruhigen: Dieses Kapitel ist eher der Versuch, einen Standpunkt zu erklären, mit dem man durchaus nicht einverstanden sein kann – an dem auch ich selbst immer mal wieder Zweifel habe. Es ist vielleicht sogar eher eine Wegbeschreibung als ein festes Kreuz auf einer Landkarte. Ein dialogisches Glaubensbekenntnis. Ich lade Sie also ein: Prüfen Sie und finden Sie Ihren Standpunkt.

Die Kunst, es gut sein zu lassen, hat eine andere Grundlage als Kapitalismus und Individualismus, ist eine Widerstandshaltung dazu. Und sie geht an manchen Stellen hinaus über die achtsame Konzentration auf das »Hier und Jetzt«. *Gnade* und *Hoffnung*, aber auch *Demut* sind dabei zentrale Begriffe. Begriffe also, die sich aus einer christlichen Tradition speisen. Im Folgenden soll diese »Idee der Gnade« buchstabiert werden, damit die Grundhaltung deutlicher wird, auf der die Kunst, es gut sein zu lassen, fußt.

G wie Geschenk

Gleich am Anfang wird es schon schwierig: G wie Gabe, oder Geschenk, die Idee also, dass das Leben, diese Welt und alles, was wir darin finden, uns Menschen gegeben ist, hat massenhaft Verwirrungspotenzial. Zunächst aber das Wichtigste an dieser Idee: Wir haben uns die Welt nicht ausgedacht, wir haben uns unser Leben nicht genommen oder verdient, es uns nicht reiflich überlegt. Und sollten wir wirklich unseres Glückes Schmied sein, so kommen doch Eisen, Feuer, Hammer und Amboss nicht von uns. Wir stehen nicht nur auf den Schultern von Riesen, was Wissenschaft und Kultur angeht, im christlichen Verständnis kommen unser Leben und die Welt von Gott, haben von Gott her ihren Sinn und ihr Ziel – was immer das sein mag. Allein die Grundidee, dass das Leben ein Geschenk ist, unterstellt ihm Sinn und Ziel. Das steigert die Motivation, nach diesem Sinn zu suchen, ungemein.

Komplizierter wird es, wenn wir unsere kulturell geprägten Ideen vom Schenken mit ins Spiel bringen – wenn Menschen sich etwas schenken, löst das ja durchaus gemischte Gefühle aus,[42] weil nicht unbedingt klar ist, ob die Gebenden es nur gut meinen, ob sie eine Gegengabe oder eine andere Verpflichtung im Sinn haben. Auch Scham ist im Spiel, wenn eine Gabe zum Beispiel deutlich macht, dass die empfangende Person auf die gebende Person angewiesen ist (man denke an Spenden oder Sozialleistungen).

Das Leben und die Welt als Gabe Gottes haben in diesem Konzept der Gnade eine andere Qualität: Sie sind reine Gabe, ohne Verpflichtung, eine Äußerung der Liebe. Vielleicht im menschlichen Kontext am ehesten vergleichbar mit einer heimlichen Wohltat, bei der der anonyme Geber den Empfänger unerkannt beobachtet in der Hoffnung, das Staunen und die Freude in seinen Augen zu sehen.

In diesem Vergleich wird auch klar, dass die Menschen in diesem Konzept auch nicht als passive Empfänger gedacht sind, die nehmen und einstecken. In der Gabe liegt zwar keine Verpflichtung, aber wohl eine Hoffnung, nämlich dass es aktivierte Empfänger gibt. Menschen, die aus dem, was sie im Leben finden, etwas machen. Aus freien Stücken.

Und noch schöner wird es, wenn wir uns nicht nur die Welt als Ganzes, sondern besonders auch die Menschen darin – und noch genauer die Menschen, die uns nahe sind – als Geschenke vorstellen: den (Ehe-)Partner, die (Ehe-) Partnerin, Kinder, die eigenen Eltern – sie alle sind uns geschenkt, anvertraut, gegeben. Wir haben keinen Besitzanspruch, wir haben sie nicht erworben oder verdient. Sie sind uns gegeben, so, wie sie eben sind. Sie sind eine Gabe und machen unser Leben reicher. Das kann dankbar machen und kann dazu anspornen, diese Beziehungen zu pflegen.

Die Kunst, es gut sein zu lassen, braucht diese Idee, dass das Leben ein Geschenk ist, um dem Druck zu widerstehen, das optimale Leben selbst herstellen zu müssen. Diese Welt, diese Generation, diese Kinder, dieser Charakter sind uns gegeben – nicht mehr und auch nicht weniger – und wir sind eingeladen, es dankbar und staunend anzunehmen und etwas daraus zu machen.

N wie Nähe

Die Unverfügbarkeit Gottes ist ein wichtiger Teil nicht nur des christlichen Glaubens. Die Menschen sind nicht Gott, sie können ihn nicht erklären und seinen Arm nicht bewegen, so sehr sie es auch versuchen. Gott bleibt letztlich unverständlich, ein Rätsel. Und dennoch ist eine zentrale Botschaft des Christentums und die eindrücklichste Erfahrung vieler Christinnen und Christen, dass Gott den Menschen nahekommt, spürbar, erfahrbar wird. Es sind heilige Momente, Augenblicke der Erkenntnis, aber auch grundlegende Gefühle von Geborgenheit, die Menschen beschreiben, wenn sie nach ihren Gotteserfahrungen gefragt werden. Das christliche Fest dieser Nähe ist Weihnachten: Gott kommt in die unzulängliche kalte, menschliche Nacht, er kommt uns nah. Und zwar nicht nur mit Engelchören und Stern und den Weisen aus dem Morgenland, sondern vor allem in Solidarität: als schwaches Kind und ohne Luxus. Einer von uns – wobei die meisten Menschen in Westeuropa einen Denkschritt weiter gehen müssen, um »Armut« und »einer von uns« zusammenzubringen. Es ist nicht nur die materielle Armut, von der die Weihnachtsgeschichte erzählt, es ist all das Menschliche: das Hineingeborenwerden in eine Familie zu einer bestimmten Zeit, mit einer Sprache und einer Kultur aufzuwachsen, in einem begrenzten Horizont, von Geburt an dem Altern ausgesetzt zu sein, den Tod am Horizont. Viele der biblischen Gleichnisse erzählen dieselbe Geschichte mit anderen Worten: Gott kommt auf uns zu wie auf den verlorenen Sohn, sucht nach uns wie der Hirte nach dem verlorenen Schaf.[43] Das ist Gnade. Viele glauben, dass wir Menschen eine Seele haben, die so etwas ist wie ein eingebauter Gottesempfänger, damit wir die Signale hören können, mit denen Gott sich ankündigt, wenn er uns nahekommt, in einer Art Dauer-Advent.

Die Kunst, es gut sein zu lassen, braucht die Idee von der Nähe und Nahbarkeit Gottes, weil sie beinhaltet, dass das Gute nicht erst kommt, wenn das Perfekte da ist. Dass Gott uns besucht, auch wenn unser Haus nicht aufgeräumt und unsere Karriere nicht ideal ist, unsere Kinder nicht vollständig glücklich und unsere Ehe etwas mehr als halb gelungen.

Segen und Glanz sind nicht davon abhängig, Gott lässt sich nicht von Normalität abhalten.

A wie Aufbruch

»Aufbrechen« bedeutet zweierlei, und beide Bedeutungen gehören zum Fundament der Gnade, auf dem die Kunst, es gut sein zu lassen, steht.

Die erste Bedeutung ist die alte Geschichte der Befreiung aus der Not, vom Aufbrechen der Gefängnistür, vom Zerbrechen der Ketten. Der Exodus, die Befreiung des Volkes Israel aus Ägypten, ist das Ur-Motiv dieses Aufbruchs – bis heute die zentrale Erzählung des Judentums. Und wieder und wieder erzählt und erlebt in neuen Formen: die Befreiung aus der kirchlichen Bevormundung in der Reformation, die Befreiung von der Sklaverei in den USA, die Gleichberechtigung der Frau, die Rechte der Kinder – alles Befreiungsbewegungen, in denen viele dieses Grundmuster des Aufbruchs wiedererkannt und wiedererlebt haben. Dieses Muster gilt auch für jedes persönliche Leben. Es gibt Hoffnung auf Befreiung. *»Oh Heiland, reiß die Himmel auf!«*[44]

Die zweite Bedeutung ist der Aufbruch im Sinne eines Neuanfangs, der Weg vom Alten ins Neue, vor allem aber von der Sackgasse zurück auf einen Weg, der weiterführt. Vergebung ist hier das Grundprinzip der Gnade. Wenn ich davon ausgehe, dass ich nicht festgelegt bin durch das, was mir nicht gelingt, sondern die Möglichkeit bekomme, neu anzufangen, gebe ich auch leichter anderen eine zweite Chance.

»Die Kunst, es gut sein zu lassen« braucht den Aspekt des Aufbruchs in der Gnade als Gegengift gegen das stumpfe »Sich-Zufriedengeben«, gegen Gleichgültigkeit und Fatalismus. Es gut sein zu lassen, ist eben kein passives »Sich-etwas-gefallen-Lassen«, kein Hinnehmen von Unrecht. Es spricht nichts dagegen, immer wieder ein bisschen Bullerbü zu versuchen, der Sehnsucht zu folgen. Die Glanzbilder sollen nur nicht die Diktatur übernehmen.

D wie Demut

Bullerbü ist eine heile Welt, ein Ort der Vollkommenheit. Demut ist dagegen das Bewusstsein der eigenen Begrenztheit. Wir sind eben nicht vollkommen und unsere Welt ist es auch nicht. Genauso wenig wie unsere Kinder, unsere Partnerin, unser Partner. Demut ist ein besonderes Wort für eine Bescheidenheit, die aus der Erkenntnis kommt, dass wir mit all unseren Fähigkeiten, Wünschen und Sehnsüchten im Verhältnis zur Gesamtheit der Geschichte, gegenüber der Natur, gegenüber Gott fast nichts sind, ein Tropfen im Ozean. Unseren Platz im Kosmos zu suchen, demütig zu sein, bedeutet eben auch, die Erfüllung der eigenen Traumbilder nicht als das Wichtigste anzusehen, was die Weltgeschichte zu bieten hat. Dabei hat Demut im christlichen Sinne nichts mit Demütigung zu tun. Es geht nicht um Erniedrigung, sondern vielmehr um Ehrfurcht. Zusammen mit der Idee von der Nähe Gottes ist das »D« in »Gnade« so etwas wie ein System gegenseitiger Verstärkung: Die Nähe Gottes ist umso wunderbarer, je klarer wir uns über unsere Bedeutungslosigkeit sind, und das Wort »Demut« verliert in der Nähe Gottes seine Schärfe und wird zum Gefühl vom richtigen Platz in der Welt.

Einen besonderen Platz im Feld der Demut hat die sogenannte »intellektuelle Demut«[45]. Sie nimmt auch unsere kulturelle und intellektuelle Begrenztheit ernst und fordert zur Bescheidenheit auf, wenn es um unsere Wahrheitsansprüche geht. Gerade im Reden über den Glauben ist es unabdingbar, eigene Überzeugungen und Werte von »der Wahrheit« zu unterscheiden.

Die Kunst, es gut sein zu lassen, ist auch die Kunst, in der Auseinandersetzung mit den Meinungen und Überzeugungen anderer Gnade vor Recht ergehen zu lassen und bescheiden zu bleiben. Genauso wie die anderen nicht das Recht haben, über mich und meine Sicht auf die Dinge zu bestimmen, so wenig habe ich das Recht über sie. Der Dialog in der Ehe, mit den Kindern und am Arbeitsplatz wird leichter, wenn er mit Demut gewürzt ist.

E wie Ewigkeitswert

Gnade im christlichen Sinne schließt auch die Idee ein, dass Sinn und Ziel unseres Lebens nicht vom Tod begrenzt sind. Unser Leben ist weder ein stetiges Ansammeln von Schuld mit der Todesstrafe am Schluss noch ein langsames Sterben von Anfang an. Das Reden Jesu vom »Reich Gottes«, das »unter uns gegenwärtig« ist, ist ebenso rätselhaft wie hoffnungsvoll.[46] Natürlich ist der Tod die nächste sichtbare Grenze, wir wissen nichts von dem, was danach kommt. Aber wir haben die verrückte Hoffnung, dass an den Verheißungen etwas dran ist und dass unser Sehnen und Suchen nicht an der Schwelle des Todes zerschellt. Diese zugegebenermaßen sehr unwissenschaftliche und überhaupt nicht nüchterne Idee, dass es einen Ewigkeitswert gibt in unseren Beziehungen, in unserer Arbeit und in unserer Person, ist eine Art Bedeutungs-Booster-Behauptung.

Die Kunst, es gut sein zu lassen, gelingt mit mehr Gelassenheit, wenn uns nicht ständig die Frist des Hier und Jetzt im Nacken sitzt. Wir können leichter mit der Unvollkommenheit unserer Bemühungen umgehen, wenn wir uns an die Hoffnung halten, dass das Vollkommene uns noch erwartet und wenn es zudem ein liebender Schöpfer ist, der uns dieses Vollkommene aus freien Stücken schenkt. Aus Gnade.

Lieber Mose,

ich wüsste so gern, wie Du diese Geschichte erzählst von Deiner Begegnung mit Gott und was Du zu uns sagen würdest heute in einer Welt, die so ganz anders ist als Deine. Näher als Du ist wohl niemand an Gott herangekommen. Wie würde es Dir heute gehen? Ich stelle mir die Geschichte so vor: Mitten in Deiner Misere, mitten in Deiner Wüste, umgeben von der brennenden Trockenheit Deiner Schuld (ein Totschläger warst Du plötzlich geworden, obwohl Du es gut gemeint hattest) – mitten in dieser Wüste des Lebens, die von Horizont zu Horizont reichte, kam Gott auf Dich zu. In einem kleinen Rätsel zunächst, einer Unwucht in Deinem Alltag, die Dich neugierig gemacht hat: ein Busch, der nicht aufgehört hat zu brennen. Ein Wunder, vielleicht, aber doch eher harmlos, ungewaltig. Und doch ein heiliger Moment, denn Du hast Gottes Stimme gehört, er hat Dich aus Deinen Grübeleien ganz in die Gegenwart geholt, ins Hier und Jetzt. »Hier bin ich«, hast Du geantwortet, als er Dich gerufen hat. Und dann kam das Versprechen der Befreiung eines ganzen Volkes aus der Knechtschaft. Zu groß für Dich, hast Du gedacht. Aber Gott hat Dich gut sein lassen.

Du wolltest wissen, was Du sagen sollst, von wem dieser unerhörte Auftrag kommt. Und da hat Gott alles auf einmal erklärt: *»Ich bin, der ich sein werde«*[47] – heißt wohl: Du kannst mich nicht verstehen, Du kannst mich nicht festlegen, aber ich werde Dir und Deinen Leuten nahe sein und werde mit euch durch alle Veränderungen und Entwicklungen gehen. Du kannst dich auf mich verlassen, genauso wie Du Dich darauf verlassen kannst, dass sich alles verändern wird, sogar deine Vorstellung von mir.

Lass es gut sein, Mose. Geh los, alles wird anders und ich bin bei dir. Mit so einer Zuversicht im Herzen konntest Du sogar ein Meer teilen und noch ganz andere Wüstenzeiten aushalten. Ich glaube, Du könntest uns gut erklären, was Gnade ist.[48]

Ehrfürchtig, staunend, demütig,
Dein Lars

Zusammengefasst

Die Kunst, es gut sein zu lassen, ist weit mehr, als nur unauffällig unter dem Radar unserer Luxus- und Leistungsgesellschaft zu bleiben. Sie ist ein Gegenentwurf und beruft sich auf ein Welt- und Menschenbild, das das wunderbare Konzept der Gnade durchbuchstabiert und in den Alltag übersetzt. Gnädig zu sein mit sich selbst und mit den Menschen um sich herum, das Leben als herausforderndes Geschenk anzunehmen und Gottes Spuren darin zu suchen – das macht einen Unterschied. Und wenn Ihnen das nur nach und nach gelingt, geben Sie nicht auf: Lassen Sie es gut sein!

EPILOG

BULLERBÜ MORGEN

Bullerbü ist ein Bild von gestern. Das Bild einer heilen Welt mit unschuldigen, fröhlichen Kindern in ihrem Zentrum. Der Bullerbü-Komplex ist die Folge einer unerfüllten Sehnsucht von heute. Voller Anstrengung laufen viele Erwachsene diesem Bild nach, nicht zuletzt, um die Lücken ihrer eigenen Kindheit zu füllen. Es gut sein zu lassen ist eine Kunst. Es ist die Kunst des Gleichgewichts zwischen der Sehnsucht nach Einfachheit und einer komplizierten Wirklichkeit. Dieses Gleichgewicht lässt sich finden in der Kindererziehung, in der Partnerschaft, im Zusammenleben als Familie und bei der Arbeit. Dabei hängt oft alles mit allem zusammen, wie bei einem Mobile. Dieses zusammenhängende Gleichgewicht ist auf der einen Seite eine zusätzliche Herausforderung: Wenn es an einer Stelle nicht so richtig läuft, wenn eines der Kinder es schwer hat oder wenn die Arbeit nicht gut ist, dann wirkt es sich oft auch ungünstig auf die anderen Bereiche des Lebens aus. Auf der anderen Seite liegt darin die große Chance: Oft reicht eine Veränderung an irgendeiner Stelle des ganzen Systems, um alle anderen Bereiche auch in Bewegung zu bringen. Oft kann ein Familienmitglied, das etwas verändert, eine Kettenreaktion der Veränderung in der ganzen Familie auslösen. Oft inspiriert ein Freund einen ganzen Freundeskreis. Gute Gedanken sind ansteckend.

Deshalb soll eine kleine Szene den Abschluss dieses Buches bilden, in der diese Hoffnung sich ausbreitet und einige Menschen die Kunst, es gut sein zu lassen, in die Tat umsetzen – mit guten Folgen für andere. Die Szene knüpft an die zweite der drei Schilderungen von »Bullerbü heute« im ersten Teil des Buches an, in der Familien beschrieben werden, die mit recht alltäglichen Problemen zu tun haben: Arbeitsdruck, Kindersorgen, Beziehungsstress.

»Ich glaube, den Abwasch mache ich morgen.« Nach einem anstrengenden Tag in Bullerbü setzt sich Greta, die Mutter von Britta und Inga, mit Lisas Mutter Anna in der Küche des Nordhofs an den Tisch. Die Kinder sind in ihren Zimmern, Greta hat eine Flasche Wein zwischen die Reste des Abendessens gestellt. »Und? Wie läuft's auf dem Mittelhof? Ich bin ja schon ewig nicht mehr bei euch drüben gewesen, obwohl es nur ein paar Schritte sind. Aber du weißt ja, wie das ist. Heute bin ich auch schon wieder den ganzen Tag unterwegs gewesen. Die Mädels hatten ein Turnier in Lund. Wir sind vorhin erst nach Hause gekommen.« – »Normaler Zustand also«, erwidert Anna und nimmt einen großen Schluck Wein. »Bei uns auch eigentlich. Markus ist in Göteborg bis Freitag. Ich habe in meinem Projekt nur die Hälfte von dem geschafft, was ich eigentlich sollte, weil ich noch mal mit Lasse zum Arzt musste, zur Kontrolle. Zum Ausgleich habe ich im Haus auch nur die Hälfte von dem geschafft, was ich wollte. Es gab wieder Pizza.«

Greta stellt ein paar Erdnüsse auf den Tisch und schiebt Anna die Weinflasche hin. Sie weiß, dass ihre Freundin manchmal Asyl sucht, eine Auszeit von ihrem eigenen Leben, besonders wenn ihr Mann nicht da ist. »Ich muss einmal mit einem erwachsenen Menschen reden«, sagt sie dann oft. Heute wirkt sie aber irgendwie anders als sonst. Nicht nur müde, auch seltsam aufgekratzt. Deshalb fragt Greta noch mal nach: »Und sonst? Irgendwas Neues?« Anna grinst schief: »Ja tatsächlich. Ich weiß noch gar nicht, wie ich das finden soll. Also, ob ich mich freuen oder doch eher Angst kriegen soll ...« Sie nimmt sich umständlich noch ein paar Erdnüsse. Kurz bevor Greta es nicht mehr aushält und noch einmal nachfragt, beginnt sie zu erzählen: »Neulich, also vorgestern, als die Kinder zur Schule gegangen waren, blieb Markus noch am Tisch sitzen und sagte, er wolle mit mir reden. Ich habe erst einen Schreck bekommen. Wir hatten nicht die beste Phase, das weißt du ja. Viel Streit um Kleinkram. Und er ist oft weg bei seinem Job in Göteborg. ›Scheiße‹, dachte ich erst, ›jetzt macht er doch ernst mit dieser Kollegin, von der er mal erzählt hat, und lässt mich hier hängen.‹ Aber dann kam was ganz anderes. Sein Vertrag geht ja noch bis Ende des Monats. Er hat gesagt, dass er keine Lust hat, danach wieder den nächsten Kurzvertrag zu kriegen, weit weg und ohne Festanstellung. Er meinte, er hätte beim Autofahren viel Zeit zum Nachdenken gehabt. Und er hätte gemerkt, dass er so nicht weitermachen will – ›bis die Kinder groß sind und unsere Ehe klein ist‹. Er hat gesagt, dass es ihn nervt, dass wir uns so viel streiten, wenn er zu Hause ist, und dass er mich vermisst, wenn er nicht zu Hause ist. Er meint, das können wir besser und hat mich gefragt, ob ich dabei wäre bei einem ›Weniger-ist-mehr-Versuch‹. Er hat vorgeschlagen, dass er das nächste Jahr zu Hause bleibt und mir hilft, meine Architekten-Sachen besser zu vermarkten. Er würde die Organisation und die Werbung machen und ich die Zeichnungen. Und Haus und Kinder würden wir uns teilen, so wie es eigentlich mal gedacht war. Er meinte, das könnte auch finanziell hinkommen, jedenfalls nach einer Weile.«

»Krass«, sagt Greta. »Das ... also, das klingt ja gut erst mal, aber ... wollte Markus nicht eigentlich Karriere machen? Wollte er nicht mit seinem Kollegen diese Firma übernehmen, wie heißt sie noch – da in Göteborg?« – »Hab ich ihn auch gefragt. Ich meine, das ist ja ein schöner Gedanke, aber nützt ja auf Dauer auch nichts, wenn er sich dann wie ein Verlierer vorkommt. Aber ich glaube, er meint das ganz ernst. Hat wohl wirklich viel nachgedacht beim Autofahren. Da ist er so ganz ruhig geworden, hat mich angeguckt und gesagt, dass es nicht das sei, was er in seinem Leben will: immer teurere Autos fahren. Er will lieber weniger Auto fahren. Natürlich ist das ein verlockender Gedanke mit der Firma, aber ja nur, wenn es funktioniert und er darüber nicht seine Familie riskiert. Er meint, es wäre an der Zeit, es mal gut sein zu lassen. Nicht immer einem besseren Leben hinterherzuhetzen und dabei das gute Leben auf der Strecke zu lassen. Er wirkte richtig zufrieden, als er das gesagt hat. Irgendwie – aufgeräumt.«

»Wow«, Greta lächelt ihre Freundin an, »da hast du wohl doch den Richtigen geheiratet, was?« Dann schaut sie aus dem Fenster in die Dunkelheit. »Seltsam«, sagt sie, »heute habe ich das auch gedacht, und auch beim Autofahren.

›Was tue ich unseren Kindern eigentlich an?‹, habe ich gedacht. Und nicht nur den beiden? Auch Erik und mir. Und wozu überhaupt? Das Reiten hat den beiden ja immer Spaß gemacht. Aber in letzter Zeit ist es eine viel ernstere Angelegenheit geworden, das kam irgendwie von allein, seit sie auf der Landesebene mitmachen. Schien mir so selbstverständlich, dass sie das machen, einfach, weil es geht. Und es hört sich ja auch toll an. Aber es geht so unendlich viel Zeit dafür drauf. Zeit im Auto, Zeit beim Training. Manchmal beschweren sie sich, aber ich habe immer gesagt ›Von nichts kommt nichts‹ – und dann macht es ja auch Spaß, wenn sie gewinnen. Aber ich weiß nicht, wann sie das letzte Mal einfach nur mit ihren Freunden rumgehangen haben oder mal irgendwas gemacht haben, was nicht mit Schule oder Reiten zu tun hatte. Von Erik und mir mal ganz zu schweigen. Ich weiß nicht, wann ich ihn das letzte Mal ernsthaft gefragt habe, wie es ihm so geht. Oder mal gefragt, womit er sich beschäftigt. Er ist ja echt gut geworden in seinen Sachen, fährt auf Konferenzen zu Öko-Landwirtschaft und so, aber ich weiß kaum was davon. Wir haben irgendwie den Anschluss aneinander verloren. Sind ja auch immer woanders unterwegs. Vielleicht sollten wir es auch mal mit weniger probieren.«

Sie schaut Anna an, dann wandert ihr Blick wieder zum Fenster, sieht ihr eigenes Spiegelbild in der dunklen Fensterscheibe, seltsam undeutliche, doppelte Bilder, die Kerze auf dem Tisch, die Weinflasche. Dahinter, unsichtbar in der Dunkelheit liegt die vertraute Landschaft, die sie so liebt. Greta kann die Bäume und Wiesen nicht sehen und freut sich doch, dass sie da sind. Erstaunlich eigentlich, dass auch das Unsichtbare schön sein kann.

Dann fährt sie fort: »Manchmal denke ich sogar, wir haben dieses Leben geschenkt bekommen, so wie es ist. Unsere Kinder, unsere Familien. Und dann packen wir das Geschenk gar nicht aus. Legen es zur Seite und tun so, als wäre es nicht genug oder als müssten wir uns selbst etwas Besseres verdienen. Verrückt eigentlich.

Weißt du, neulich war Ole hier, zusammen mit Laila, seiner Halbschwester. Sie hat vom Zuckerfest erzählt. Hatte ich mich noch nie so wirklich mit beschäftigt. Sie hat erzählt, dass sie in der Zeit vor dem Zuckerfest immer Geld spenden sollen. Und zwar – und jetzt kommt's – damit sie sich daran erinnern, dass es ihnen sowieso nicht gehört, sondern dass alles, was sie haben, eigentlich das Eigentum von Allah ist und dass sie es nur weitergeben. Und dann hat sie natürlich auch von den Geschenken erzählt, die sie bekommen hat. Aber ich dachte, da ist eigentlich was dran, dass wir vielleicht nur mit etwas umgehen, was uns gar nicht ganz gehört – unser Geld, unsere Zeit. Unsere Kinder ...«

Anna steht auf. »Komm, ich helfe dir noch beim Abwasch. Dann hast du morgen früh Zeit, Erik mal zu fragen, wie es ihm geht. Und die Mädchen, wie sie sich das mit dem Reiten eigentlich wünschen.« – »Ach, lass gut sein. Du bist doch selbst müde«, sagt Greta. Aber Anna hat schon angefangen, Wasser ins Spülbecken einzulassen. »Klar bin ich müde«, sagt sie und lacht. »Aber du hast es doch eben selbst gesagt: Die Zeit gehört mir doch gar nicht. Sie ist Gottes Eigentum – ich gebe sie nur weiter. Außerdem habe ich gerade Lust dazu ...«

ANMERKUNGEN

1 Ich habe mich bemüht, den Inhalt dieses Buches so zu formulieren, dass meine Sprache Frauen und Männern gerecht wird, dass sich beide Geschlechter angesprochen fühlen. Nicht immer war dies so möglich, dass der Text danach noch gut verständlich war. In diesem Fall habe ich mal die weibliche und mal die männliche Form gewählt. Trotz allem können und dürfen sich immer Leserinnen und Leser gleichermaßen angesprochen fühlen.

2 http://publikationen.ub.uni-frankfurt.de/frontdoor/index/index/year/2017/docId/43252 (zuletzt aufgerufen am 26.02.2020).

3 Berthold Franke, Das Bullerbü-Syndrom. Warum die Deutschen Schweden lieben, Merkur 706 (2008), S. 256–261; https://www.svd.se/tyskarna-har-hittat-sin-bullerbu (zuletzt aufgerufen am 13.03.2020).

4 Für diejenigen, die gern etwas mehr über meinen beruflichen Werdegang wissen wollen, um das Buch einzuordnen, hier eine Liste meiner längsten Weiterbildungen (denn so etwas prägt!): Systemische Beratung am Institut für Systemische Studien in Hamburg, Supervision am Evangelischen Zentralinstitut Berlin (tiefenpsychologisch), Psychodrama am Psychodrama-Institut Berlin. Alle drei Einrichtungen kann ich übrigens von Herzen empfehlen!

5 All diesen Menschen, die ich bei ihrem Ringen, Scheitern und gelingen begleiten durfte, danke ich von Herzen für das Vertrauen und das Anteilgeben.

6 Eines der drei Bullerbü-Bücher von Astrid Lindgren trägt den Titel »Immer lustig in Bullerbü«: Astrid Lindgren, Immer lustig in Bullerbü, Oetinger Verlag, 12. Auflage 1988.

7 Astrid Lindgren, Immer lustig in Bullerbü, Oetinger Verlag, 12. Auflage 1988, S. 140.

8 Berthold Franke, Das Bullerbü-Syndrom. Warum die Deutschen Schweden lieben, Merkur 706 (2008), S. 256.

9 https://www.youtube.com/watch?v=hqVgS0yv-LUw&feature=youtu.be, ab Minute 19:35 (zuletzt aufgerufen am 13.03.2020).

10 https://www.unicef.de/informieren/ueber-uns/fuer-kinderrechte/kurze-geschichte-der-kinderrechte (zuletzt aufgerufen am 25.02.2020).

11 http://www.kathpedia.com/index.php?title=Stabat_Mater; https://www.heiligenlexikon.de/BiographienM/Maria-Dolores.html (zuletzt aufgerufen am 13.03.2020).

12 https://ze.tt/sogenannte-tradwives-werben-fuers-hausfrau-sein-klingt-harmlos-ist-es-aber-nicht/ (zuletzt aufgerufen am 13.03.2020).

13 Pressemittelung der Bertelsmann Stiftung: https://bit.ly/32nV5Pe (zuletzt aufgerufen am 25.02.2020).

14 https://www.destatis.de/DE/Methoden/WISTA-Wirtschaft-und-Statistik/2018/03/realisierte-erwerbstaetigkeit-032018.pdf?__blob=publicationFile, hauptsächlich S. 66 (zuletzt aufgerufen am 13.03.2020).

15 Vgl. Matthäus 16,17.

16 https://bessergesundleben.de/10-gefaehrliche-nahrungsmittel-die-lebensmittelexperten-nie-essen-wuerden/ (zuletzt aufgerufen am 13.03.2020).

17 Vgl. Apostelgeschichte 10.
18 Astrid Geisler/Christoph Schultheis, Heile Welten. Rechter Alltag in Deutschland, Carl Hanser Verlag, 2011.
19 https://taz.de/Astrid-Lindgren-und-die-Rechten/!5605205/ (zuletzt aufgerufen am 26.02.2020).
20 D. W. Winnicott, The maturational processes and the facilitating environment: Studies in the theory of emotional development. Routledge, 2018.
21 http://kleinbullerbue.blogspot.de/2012/11/hosen-aus-wollwalk.html?m=1 (zuletzt aufgerufen am 13.03.2020).
22 http://www.gerhardschoene.de/lieder/arme.html (zuletzt aufgerufen am 14.03.2020).
23 https://www.neurologen-und-psychiater-im-netz.org/kinder-jugend-psychiatrie/ratgeber-archiv/meldungen/article/vernachlaessigung-durch-eltern-verursacht-bindungsstoerungen-bei-kindern/ (zuletzt aufgerufen am 27.02.2020).
24 K. H. Brisch/U. Lehmkuhl, Störungsspezifische Diagnostik und Psychotherapie von Bindungs-störungen. In: U. Lehmkuhl (Hrg.), Therapie in der Kinder- und Jugendpsychiatrie. Von den Therapieschulen zu störungsspezifischen Behandlungen, Vandenhoeck & Ruprecht, 2003, S. 135–152.
25 S. Schmelzeisen-Hagemann, Feinfühlige Responsivität in der frühpädagogischen Praxis. Anleitung zum Erkennen und Erweitern individueller Interaktionskompetenz, Springer-Verlag, 2017, S. 53.
26 Zitiert nach: Astrid Lindgren, Steine auf dem Küchenbord, Gedanken, Erinnerungen, Einfälle, gesammelt von Elisabeth Hohmeister/Angelika Kutsch /Margareta Strömstedt, Oetinger, 2000, S. 15.

27 Funny van Dannen, Freundinnen, zitiert nach: https://www.funny-van-dannen.de/tabs/clubsongs/04-freun.pdf (zuletzt aufgerufen am 14.03.2020).
28 https://www.gesetze-im-internet.de/bgb/__1353.html (zuletzt aufgerufen am 27.02.2020).
29 Heinz Rudolf Kunze, Dein ist mein ganzes Herz, zitiert nach: https://werkzeug.heinzrudolfkunze.de/musik/songs/deinistmeinganzesherz.html (zuletzt aufgerufen am 27.02.2020).
30 James Garner als Noah im Film »Wie ein einziger Tag«
31 Gary Chapman, Die 5 Sprachen der Liebe. Wie Kommunikation in der Partnerschaft gelingt, Verlag der Francke-Buchhandlung GmbH, 8. Auflage 2010.
32 Hans Joas: Die Macht des Heiligen, Suhrkamp, 2019.
33 Eine Übersicht findet man zum Beispiel in Stephanie Scheck, Das Stufenmodell von Erik H. Erikson, GRIN Verlag 2007.
34 Vgl. 1. Mose 22,1-19 und Koran: Sure 37,99-113.
35 M. Csikszentmihalyi/J. LeFevre, Optimal experience in work and leisure. Journal of personality and social psychology, 56(5), 1989, S. 815.
36 J. Elsässer/K. E. Sauer, Die Begriffsgeschichte von Burnout. In: Burnout in sozialen Berufen. Perspektiven Sozialer Arbeit in Theorie und Praxis, Vol. 2., Centaurus Verlag & Media UG, 2013.
37 https://www.sinnforschung.org/mein-lebenssinn/dimensionen-von-lebenssinn (zuletzt aufgerufen am 16.03.2020).
38 Nachzulesen in: J. R. R. Tolkien, Der Herr der Ringe, Klett Cotta, 9. Auflage 2019.

39 http://bobedelstein.com/2007/04/01/yalom_interview/ (zuletzt aufgerufen am 16.03.2020).

40 Hermann Hesse, Im Nebel. In: Zischler, Hanns [Hrsg.]: Willst du dem Sommer trauen? Deutsche Naturgedichte. Berlin 2004, S. 56.

41 Martin Heidegger, Sein und Zeit, Max Niemeyer Verlag Tübingen, S. 350.

42 Henning Freund/Dirk Lehr: Dankbarkeit in der Psychotherapie. Ressource und Herausforderung, Hogrefe, 2020.

43 Vgl. Lukas 15,1-32.

44 Der Text dieses Adventsliedes, erstmals publiziert 1622, wird Friedrich Spee zugeschrieben. https://rundfunk.evangelisch.de/kirche-im-radio/feiertag/o-heiland-reiss-die-himmel-auf-9747 (zuletzt aufgerufen am 02.03.2020).

45 https://cct.biola.edu/become-intellectually-humble-peter-hill/ (zuletzt aufgerufen am 02.03.2020).

46 Vgl. Lukas 17,21.

47 Der hebräische Satz אֶהְיֶה אֲשֶׁר אֶהְיֶה lässt sich auf Deutsch kaum fassen, weil es so viele verschiedene Übersetzungsmöglichkeiten gibt. Das Konzept der Zeit ist im Hebräischen anders als im Deutschen. »Ich bin, der ich bin« ist ebenso richtig wie »Ich werde sein, der ich sein werde« oder »Ich bin der ›Ich-bin-da‹«. »Ich bin, der ich sein werde« ist eine Übersetzung, die Gegenwart und Zukunft umschließt.

48 Vgl. 2. Mose 3, insbesondere 2. Mose 3,14.

Veronika Smoor

Frühling, Sommer, Herbst, Familie

Ein Begleiter für jeden Monat des Jahres mit Ideen zum Selbermachen und Selberglauben

Viele kreative und praktische Ideen helfen Eltern dabei, ihren Kindern Freude an der Natur zu vermitteln, Glauben zu (er-)leben und die Jahreszeiten gemeinsam zu gestalten. So bekommen Dankbarkeit, Entschleunigung, Kreativität und Familienzusammenhalt mit jedem Monat ein bisschen mehr Raum zum Gedeihen.

Gebunden, 20,7 x 26,6 cm, 112 Seiten
Nr. 629.817, ISBN 978-3-7893-9817-9

SCM